消費税増税「乱」は終わらない

植草一秀 × 斎藤貴男

同時代社

目次

【第二日】税制と経済に見るこの国の残酷なかたち

――中小零細業者の絶望がきこえる

【第三日】恐るべし、増税後の世界　
――まだある潰すチャンス

対談の成り立ちについて

民主党野田政権とこれに同調する自民・公明党勢力による消費税増税法成立に向けての動きが急速に進められていくなか、同時代社編集部は、経済学者・評論家植草一秀氏とジャーナリスト斎藤貴男氏の対談を企画し、両氏の全面的賛同を得た。対談は二〇一二年七月六日、二四日、三〇日の三日間、いずれも東京・品川で、各回三時間有余にわたり、時間のたつのを忘れるほど熱烈に行われた。現実政治の激動のさなかであった。その結果、消費税増税問題の背景を、経済的、政治的および社会的、歴史的に、かつ多角的に生き生きと光をあてることができた。なお、対談を進めるにあたり、便宜上のリード役を、第一日は主として植草氏が、第二日は主として斎藤氏が行い、第三日は自由に行うこととした。そして対談終了後、両氏はそれぞれの感想と今後のことについて一文を寄せてくださった。本書冒頭に収録した次第である。本文中、必要な用語解説は、同時代社編集部により〔　〕内に表記した。

二〇一二年九月五日

同時代社編集部

「乱」はこれからはじまる

植草一秀

八月六日から七日にかけて、参議院社会保障と税の一体改革に関する特別委員会が中央公聴会を開催した。私は公述人として招致され、消費増税法案に反対する意見を陳述し、委員会委員との間で質疑を行った。

公聴会が開かれ、反対意見が公述されたからといって法案が修正されるわけではない。事実、八月一〇日に法案は委員会および本会議で採決され、賛成多数で可決、成立した。公聴会は単なるセレモニーにすぎない。しかし、主権者である国民が国会で意見を述べる機会が設けられていることには意義がある。議事録として抵抗の足跡がかすかに残される。

通常の法案であれば国会での決定は最終決定になる。国会は民意を代表する場であって、日本国憲法も国会を国権の最高機関と定めている。

しかし、消費増税法案については、この取り扱いがあてはまらない。なぜなら、野田佳彦内閣は選挙を通じて示された民意を踏まえず、というよりも民意を踏みにじって強引に消費増税法案を採決、可決したからだ。

野田佳彦氏が二〇〇九年八月一五日、大阪の街頭で「シロアリを退治しないで消費税を引き上げるというのはおかしい」と声を張り上げたインターネット上のYouTube映像は、「シロアリ演説」（本文33頁）として国会でも何度も取り上げられて有名になった。

本文でも触れたが、このYouTube映像は私がブログで取り上げて拡散したものだ。いわゆる草の根のインターネット情報発信が一定の影響力を発揮することもあることの、ひとつの証左になったことは特筆に値する。

この演説を行った本人である野田佳彦氏が、シロアリ退治などまったく行う気配すら示さぬまま、一年間で一三・五兆円、一〇年間で一三五兆円という、卒倒してしまうような規模の巨大増税法案を、選挙の際に全面的に敵対した野党と結託して可決、成立させてしまったのだ。

このような無法がまかり通るなら、日本の議会制民主主義は終わりだ。地方ブロック紙の一部は、「代議制を踏みにじる暴挙」との正論を示したが、いわゆるマスメディアと呼ばれる日本の大手新聞、テレビは野田政権の政策決定プロセスをまったく問題にせず、消費増税が国会で可決されたことを手放しで絶賛し、これから総選挙で国民が最終判断することになる意味すら伝えなかった。

消費増税を推進している陰の主役は言うまでもなく財務省である。財務省は野田佳彦氏を手なずけ、すべての舞台回しをした。与党民主党と野党自民党、公明党の両方から手を回し、すべてを切り回した。

新聞やテレビが正論を示さずに、消費増税礼賛一色に染まっているのは、彼らが財務省の支配下にあることが一因だ。新聞、テレビは許認可行政の支配下に置かれ、これらの報道企業の幹部は財務省に取り入り、政府の審議会や委員会のポストに就くことを最大の喜びと感じる。

財務省は報道企業にとって最大の情報源であり、財務省に対抗する気概などおよそ持ち合わせていない。日本の情報空間の大宗が、この偏向した報道企業によって占有されていることが、この国の民主主義を破壊する最大の原因になっていると言って過言でない。

しかし、このような現状が存在するからといって、不正、不正義、悪徳をはびこらせ、容認して良いわけがない。国会は消費増税を決めたが、日本の主権者である国民は、これまでこの政策方針にNOの意思を表示し続けてきたのだ。

この消費増税が実施されるという二〇一四年四月までの間に、衆議院でも参議院でも選挙が実施される。この選挙で主権者国民が消費増税YESの意思を表明しない限り、消費増税は実施できない。したがって、次の総選挙、参院選を必ず「消費増税選挙」にしなければならない。

私は消費増税に反対である。その考えを拙著『消費増税亡国論』（飛鳥新社、二〇一二年）に記述し、さらに、国会の公聴会でも述べた。主権者である国民は、これから、消費増税の是非をじっくりと検討し、来る国政選挙で最終判断を示さなくてはならない。

じっくり検討すれば、消費増税提案を必ず白紙に撤回させなくてはならないとの結論に至ると思われる。本書はその検討のための素材を提供することを目的に作られた。

本書は、七月六日、二四日、三〇日の三日間にわたる、斎藤貴男さんとの対談をまとめたものである。斎藤貴男さんはこれまでに『源泉徴収と年末調整』（中公新書、一九九六年）や『消費税のカラクリ』（講談社現代新書、二〇一〇年）などの著書を著されてきた、税制に対する造詣も極めて深いジャーナリストである。

斎藤さんの著書を読むと、日本の税制のカラクリが本当によく分かる。税制についての考え方は財務省が何から何まで説明するので、ややもすると、財務省の説明を鵜呑みにしてしまっていることが多い。事実、私も財務省の説明に洗脳されていた部分があった。

斎藤さんは制度が決定されてきた歴史的経緯をひとつずつ丹念に探索され、財務省にとって都合のよい説明が随所に示されてきたことを明らかにしてきた。斎藤さんとの対談を通じて、消費増税問題をより多面的に、そして幅広く、より深く理解できるようになった。

もちろん、斎藤さんも消費増税に反対である。というより、斎藤さんは消費税そのものに極めて強い否定の考えを持たれている。対談を通じて私が受け止めた斎藤さんの反対の論拠は、消費税が所得の少ない人々に過大な税負担を強制するという、いわゆる「逆進性」の問題に加えて、消費税が租税制度として、極めて重大な構造的な欠陥を有していることだった。

具体的に言うと、零細事業者が消費増税分を価格に転嫁できない場合でも、この零細事業者は増税分の納税を強制される。消費税は「事業者が納税するがその負担は消費者が負う」というのが表向きの説明だが、このケースでは、零細事業者は納税者であると同時に租税負担者になる。


そうなると、この税制は課税の考え方と現実が異なるという極めて重大な「構造的」欠陥があることになる。制度として「欠点」があるのではなく、課税の制度設計が現実には実現していないという重大な「欠陥」があるのだ。しかも、その欠陥を補う具体的な方策が取られていない。

私は野田政権の消費増税提案に反対する理由として、①民主主義のデュープロセスに反している、②社会保障制度改革が具体化されておらず、単なる増税になっている、③経済情勢への配慮が欠落しており、日本経済を破壊してしまう恐れが高い、④日本財政は危機に直面していない、⑤格差が重大な社会問題となっているなかで、消費増税は逆進性をさらに強める、ことなどを提示してきた。

しかし、斎藤さんのお話を聞いて、より重大な問題の存在に気付いた。消費税の仕組みそのものが構造的欠陥を抱えているということだ。この学習を活かして、早速参院公聴会では消費増税の構造的欠陥について指摘させていただいた。

経済政策の基本方針としての、結果における平等を重視するか否かは、価値判断を伴う問題である。当然、人々の間で意見が分かれる。

結果における格差を容認すべきと主張する人は、機会の平等確保が大事だと説く。機会が平等で「頑張った人が報われる」社会が良い社会だとの主張はもっともらしく聞こえる。頑張らないで苦しい生活をしている人の面倒を、なぜ頑張った人が見なければならないのか、との主張も説得力があるように見える。しかし、日本を取り巻く環境をよく見ると、結果における「格差」が生まれる理由が「頑張ったか頑張らなかったか」だけではないことがすぐに分かる。「頑張ったか頑張らなかったか」より、むしろ「そもそも生まれたときの条件が有利だったか、不利だったか」、「濡れ手に粟の巨大な利得を得る、法律すれすれの悪行を実行したかしなかったか」などの要因が大きいことが分かる。

私は競争を否定しないが、より良い社会を構築するには、結果における平等、分配における公正などに、より強い注意を払うべきと考える。米国流の「弱肉強食重視」より、北欧の福祉国家などに見られる「共生重視」を目指すことが、より住みやすい社会をもたらすと考える。

この点において、斎藤さんと判断を共有できると考えた。思想、信条は自由だから、個人が各自の考えを持つことは当然だが、消費増税問題を考えるに際しては、この点にまで広げて自分の考えを持つ必要がある。

斎藤さんの魅力は、その精神の強靭さと弱いものに対する愛情だ。ソフトで温厚で、人を包み込む温かさをたたえているが、不正な力、弱いものを踏みつけようとする権力に対しては、渾身の力で立ち向かう。そのうえ、議論をする際に手抜かりがない。徹底的に綿密に、事実を正確に掴んだうえでものを言う。これに正面から立ち向かえる人はいないのではないかと思う。

斎藤さんは、「僕はとにかく待遇なんか悪くてもいいから、人に使われるのが嫌だというだけでフリーになった」、「思ったことを言わなかったら生きている意味がないような気がする」と語るが、この気骨、反骨精神こそ、日本の市民に欠けているものだと思う。

「僕だって危ない目にばっかりあっているから、保身したいんですよ」とは言うものの、保身などかけらも示さずに孤高の境地をひたすら歩まれている。作家の村上春樹さんが、「高くて、固い壁があり、それにぶつかって壊れる卵があるとしたら、私は常に卵側に立つ」と話されたが、斎藤さんから感じられるオーラはまさにこれである。

メディアの言葉による暴力被害に見舞われていた私を全面的に支援し、指導くださってきた梓澤和幸弁護士が斎藤さんを紹介くださった。本当に信頼できる、尊敬できる方を紹介くださったことに深く感謝している。日本が改善されるなら、必ず斎藤さんの時代が来ると思う。そう日本を改善しなければならないと痛感する。この対談を快諾くださった斎藤さんにこの場を借りて心より感謝申し上げる。

二〇〇一年に小泉政権が登場して、市場原理を基軸に置く弱肉強食奨励の思想、思潮が一世を風靡した。ところが、その後、二〇〇八年末の年越し派遣村などの経験を経て、市場原理主義に対する反省の空気が強まった。

ところが、いま再び「大阪維新」などの政治活動をメディアがはやし立て、市場原理主義がゾンビのように復活の蠢《うごめ》きを示し始めた。大阪維新は「維新八策」の内容から明白であるように、小泉竹中政治の二番煎じに過ぎない。

大阪維新「人気」は民衆から沸き起こっていない。マスメディアが人為的に創作、ねつ造しているものだ。それでも、絶賛報道が連日連夜続けば、洗脳されてしまう国民が続出してしまうかも知れない。

この意味では、次の総選挙で正統性のない不正義の消費増税法を確実に阻止できるかどうか、不安な要素は存在する。この不安を排除するためにも、ぜひ本書をご高読賜りたいと思う。そして、すべての方に野田シロアリ増税を絶対に容認してはならないとの結論に到達してほしいと思う。

読者が消費増税に対する知識を十分に得て、自分の考えで消費税増税を撥ね付ける最終判断を下し、国政選挙で満を持してかけがえのない一票を投じられることを切に希望する。

二〇一二年九月五日

怒り狂うには怒り狂うだけの理屈がある

斎藤貴男

消費税増税関連の八法案が可決・成立した。二〇一二年八月一〇日の参院本会議で、民主、自民、公明の三党などによる賛成多数。今後の大きな政策転換がない限り、現行五％の消費税率（正確には国税四％、地方税一％）は、二〇一四年四月に八％、翌一五年一〇月には一〇％へと引き上げられてしまうことになったのである。

詳しい経緯は本文に譲るが、この間には野田佳彦執行部との対立を深めた小沢一郎・元代表とそのグループが民主党を割り、新党「国民の生活が第一」を結成していた。残された民自公の翼賛体制は消費税増税の非道を強行してのけたものの、二〇日足らずを経ただけの八月二九日には、「国民の～第一」やみんなの党、社民党、日本共産党など野党七会派が提出した野田首相に対する問責決議案に自民党が同調し、これもまた賛成多数で可決されるに至った。

面妖とはこういうザマを言う。なぜなら問責決議案はまさにその消費税増税をめぐる野田政権の汚い手口、とりわけ民自公の三党による談合政治を指弾したものだったのに、なんと当の自民党が乗ったのだ。己自身も断罪されていると百も承知で、それでもなお混乱につけ込み国会を解散に追い込んで、後の選挙戦を有利に進める構え——だとしたり顔で解説するのはたやすいけれど、仮にも人間の集団が、ここまで恥知らずに徹することができるものだとは。

議場でもさすがに、「わけわかんねえぞ」の怒号が飛び交ったそうだが、わけがわからな過ぎて泣きたいのはこちとら国民だ。連中は権力や巨大資本に近くない人間一人ひとりの暮らしを舐めきっている。小の虫を殺して大の虫を生かす、などという大層な話でもない。ただひたすらにくだらないだけの手合いどもにこれ以上、世の中を好き勝手に動かされてたまるものかと思う。

いささか乱暴な表現に当惑された読者も少なからずおられたかもしれない。だが私には、野田政権や自民党をどうしても許すことができないのである。

理由は本書にてんこ盛りに盛り込んだ。植草一秀さんと忌憚なく語り合っていく営みは、彼の豊かな知識と鋭利なのに温いムードに圧倒された分だけ、それまで心の奥深くに眠っていた、けれども重要な論点なり思いなりを呼び起こされる効果もあり、読みやすく、説得的な一冊に結実できた気がする。

植草さんとは数年前、ある弁護士の紹介でお会いしたのが最初である。何かと騒がれていた時期でもあったが、その才能を以ってすれば地位も富も名誉も恣《ほしいまま》にできたに違いない男が、しかし断じて権力に屈せず、信念を貫き通す覚悟でおられる姿勢に感じ入った。と同時に、それでいて決して奢りもしない、肩の力が抜けている様子が眩しかったのをよく覚えている。以来、氏の一連の言論活動に陰ながら声援を送り、自分自身の励みにもさせてもらっていた折に、同時代社から対談企画の提案をいただいた。一も二もなく飛びついて、はたして充実の日々を過ごすことができて嬉しい。

本書には脚注がない。わずかな例外を除くと、誰にとっても自明だとは限らない用語や固有名詞の説明が特には付けられていないのは、緊急出版の意義を優先したためである。余裕がなかったゆえの次善の策ではあるわけで、筆者の一人としてもゲラ刷りに手を入れながら気に掛かりもしたのだが、最終的には、これはこれでよかったと考えている。私たちの社会は利便性ばかりが横溢し、何かを能動的に欲しなくても、何者かに与えられることが多すぎると思うからだ。

しかも脚注というのは厄介な代物だ。拘り始めるとキリがなくなる。対談がいつの間にか用語の解説集みたいにならないとも限らない。

ならばこの際、目下の状況下にあり、お見受け通りの性格の書物である以上、至れり尽くせりのサービスはむしろ積極的に省いて、読者にも汗をかいていただこう——と言ったら叱られるだろうか。読み進むうち、もしも引っかかる部分が残ったら、独自に調べてもらいたい。できればネット検索にとどめずに、図書館に足を運び、場合によっては関係者や専門家にもアクセスを。

具体的な行動を伴ってこそ知識や情報は人の血となり肉となる。私は消費税増税を強行した政治家らを罵倒したが、彼らを責めているだけでは何も解決しない。私たちもまた、与えられた利便性に飼い馴らされ、自らの手と足で時代を切り拓いていく努力を怠っていたから劣化したのだと知るべきなのである。

なお本書のタイトルは、編集部の高井隆さんによる提案『消費増税「乱」は終わらない』をベースにしている。「消費」と「増税」の間に「税」の一語を挿入してほしいと私が言い張って、植草さんにも同意していただいた。「消費増税」という言葉はマスコミにもしばしば登場する一般的な略語だが、それだと「消費税を負担しているのは消費者だけ」だという一般の思い込みを増幅してしまいかねない語感になる危険を避けたかった。この問題に限らず、およそ消費税という税制が誤解と詐術の上に成立している実態については、本文を熟読されたい。

実は私自身にも「消費増税」を使った過去がある。消費税をテーマとした拙著の第二弾『消費増税で日本崩壊』（ベスト新書、二〇一〇年）だ。悪魔のような税制を論じるためには考え過ぎだと受け止められるぐらいの覚悟がいるのにと自省している。そして植草さんとともに誓いたい。

——消費税増税を潰す。

何度でも繰り返す。私には伊達や酔狂だけでこうまで宣言する度胸などない。後先を考えずに怒り狂うには怒り狂うだけの理屈があるのだ。積年の思いを、少しでも多くの人々に共有してもらうことができたなら、これに勝る喜びはありません。

二〇一二年九月五日

【第一日】（二〇一二・七・六　於東京）

増税のシナリオはどのように準備され実行されたか

——シロアリたちの哄笑がきこえる

《編集部》消費税増税法案は民・自・公三党合意によって成立への大きな歩みを進めたように見えます。その過程で民主党が分裂するという事態もありました。今後の状況としては混沌としています。ただし、仮にこの法案が成立しても、実施の時期までには必ず総選挙があるわけで、まだまだ国民がこれを葬り去る機会もないわけではありません。

実際、「増税で暮らしはどうなる？」といった報道もなされ始めました。社会福祉と一体改革なんて言われていても、実態は増税だけではないか、とみんな驚いています。さらに野田政権がこれで味をしめたのか、原発再稼働とかオスプレイの配備とか原子力基本法の「こっそり」改定とか、やりたい放題の様相を示しているのに対して、このまま行ったらどうなるのか、といった不安や怒りも広がっているように見えます。さまざまな怒りや不安を背景にして「消費増税の〈乱〉」ともいえるような状況になるのではないか。個人的にはそんな気がしているのです。消費税増税も含めて、野田内閣が進めているものは、私たち一人ひとりが生きるか死ぬかの問題なんですよっていうようなことを、本書の一つの柱としたいと思っています。

お二人とも消費税に関する著書を出版されていまして、それぞれ大きな反響を得ています。植草さんはこの消費税増税法案が出てきた背景、この国の権力構造、その歴史などを解明しながらこの問題を取り上げ、斎藤さんは消費税そのもののインチキ性、この国の税制度全体のなかで明らかにしようとされています。お二人のこれまでの活動分野は重なっているところもあるが、ちがう分野も多いように見受けます。角度はそれぞれですが、互いに聞きあうことで、それをそっくり読者に提供することによって、より多くの方が認識を深められるのではないかと期待しているところです。

民主党の造反者は野田政権

斎藤　今回の消費税をめぐる騒動ですが、この間の政治の動きを、植草さんはどんなふうに見ていますか。

植草　六月二六日、たしかに衆議院の本会議で可決されました。政府は「社会保障・税一体改革法案」と呼んでいますが、私は消費増税法案と呼んでいます。いくつかの法律を別々に裁決したわけですが、私は民主党衆議院議員に公開質問状を送り、消費増税法案に賛成かどうかを聞きました。一部の議員は、「消費増税法案」のところに線を引いて、「一体改革法案」と書いている方がおりました（笑）。

民主党から五七人の反対が出ました。ほかに一五人ほどが本会議を欠席しました。新聞、テレビはこれを「造反」と称して、「国民不在の政局」だと報道しているわけですが、私はこの報道の視点自体がずれていると思っています。この問題は「政局」ではなく、「政策」そのものですし、意思決定のプロセスに光を当てれば、日本の民主主義そのものの問題だと思います。断じて政局ではないと思っているんです。

一番大きなポイントは、争点の中心が巨大な消費増税であることです。これは国民全体にとって死活的ともいうべき非常に重大な問題だと思います。そもそも、一三世紀に制定されたマグナ・カルタの時代に「代表なくして課税なし」という、税に関しては国王の権限そのものも制限されるとの原理が打ち立てられました。とりわけ民主主義国家において課税は、必ず国民の同意の上に行われなければならない。アメリカの独立戦争も、イギリスに対する「代表なくして課税なし」の主張をひとつのスローガンにして戦われたものです。税というのは、民主主義国家における決定としては、一番の骨格になる問題であり、現在の消費大増税問題とは、この意味で国民にとって最重要の意味をもつことがらなのです。

振り返ってみますと、二〇〇九年八月の総選挙にいくつかの争点がありましたが、私自身は最大の争点は消費税問題だと考えていました。麻生太郎政権は責任ある与党ということで、所得税法附則一〇四条（「遅滞なく、かつ、段階的に消費税を含む税制の抜本的な改革を行うため、平成二三年度までに必要な法制上の措置を講ずるものとする」、という文言がある）というのを作って増税を提案したわけです。民主党は二〇〇九年五月に代表選があり、小沢一郎さんから鳩山由起夫さんに交替しました。このときは、鳩山さんと岡田克也さんの選挙戦で、岡田さんは消費増税に積極的だったのですが、鳩山さんは次の衆議院の任期中消費税は上げないということで闘った。実は、私は鳩山さんに、代表選の公約として、次の衆院任期中は消費税を上げず、天下り根絶に全力を尽くすことを掲げて欲しいと強くお願いしました。鳩山さんは消費増税をしないことを明言し、そして代表選に勝利しました。鳩山さんが代表を務める民主党は、二〇〇九年八月の総選挙で、衆議院の次の任期中は消費税を上げないことを国民に約束しました。消費増税の前に官僚の利権を切ることを政権としての公約に掲げたのです。これがいわゆる「シロアリ退治」という話なんですね。

こうした経緯を踏んで選挙がおこなわれ、国民は「シロアリ退治なき消費増税はやらない」との公約を掲げた民主党に政権を委ねたのです〔33頁参照〕。国民が公約を吟味して投票した結果として政権交代が実現した。その政権がいま、公約を完全にひっくり返す消費増税を強引に進めている。これが何よりも重大な問題だと、私は思っています。野田佳彦さん自身が大阪の街頭で、「シロアリ退治をしないで消費税を上げるのはおかしい」と声を張り上げた、二〇〇九年八月一五日演説のYouTube映像が広く知れわたりました。この、いわゆる「シロアリ演説」は私がブログで紹介したことをきっかけに広まったものですが、「シロアリ退治にはまったく取り組まない政権は不信任に値する」と言っていた張本人が、シロアリ退治にはまったく取り組まずに巨大な消費増税をやるという。選挙で消費増税問題で対立した野党と組んでこれを通すという話です。国民から見ればまさに「ペテン＝詐欺」という話で、これはおかしいと考えるのが常識というものではないですか。

メディアは「シロアリ退治なき消費増税はやらない」と宣言した民主党に所属する議員のなかで、「シロアリ退治なき消費増税法案」に反対した人を造反者と言っていますが、話の経緯からすれば、造反しているのは野田政権自身です。これが、まずどうしても見落とせない点ですね。

民主主義の根幹を揺るがす「執行部一任」

植草　もう少し敷衍したいと思います。今回の事態は、掛け値なく民主主義の根幹を揺るがすものだと思います。日本国憲法の前文には、「日本国民は正当に選挙された国会における代表者を通じて行動し」、とあります。国会議員が重要な決定を行うことができる、その正統性の根拠とは、その背後に主権者である国民の「信託」があるということなのですね。憲法前文のその後のくだりには、「そもそも国政は国民の厳粛な信託によるもの」との表現が出てきます。主権者は国民である。この国民が選挙を通じて代表者を議会に送り、主権者国民の信託を受けた代表者である議員が国の重要な決定を行う。この一連の関係性が何よりも大事であるわけです。この関係性を断ち切らないようにということでマニフェスト選挙が叫ばれた。

マニフェスト選挙の真髄は、政権を委ねられた政党は選挙の際の公約を必ず守るという点にあります。野田政権はこれを根底から覆しているわけで、「マニフェストにはルールがある」と声を張り上げたのは、単なる発声練習だったのですかということになります。さらに、民主党の意思決定のプロセスに重大な瑕疵《かし》がある。党内で議論はしているのですが、最後の多数決採決を行っていない。民主党内で多数決をとると反対多数で否決されてしまうから多数決採決を行わず、執行部が勝手に「執行部一任」を宣言して決めてしまった。

これは民主主義のプロセスとして認められていないものです。民主主義の適正な手続き＝デュープロセス違反があまりにも深刻ですが、主要メディアがこれを一切批判しません。

斎藤　そうでしたね、前原誠司さんが逃げちゃったですね。

植草　衆議院で採決する前に、民主党のかなり多数の議員が両院議員総会の開催を求めて署名を集めた。党の規約では三分の一以上の要請があれば開催しなければならないという規定になっているので、開催することが必要になりました。ところが、野田執行部は、条文に時期の規定がないことを悪用して両院議員総会を開催しなかった。両院議員総会を開けば、野田執行部が強引に決定した案が潰されるからです。こんな姑息な手を使う権力者が日本の国政を担っていることは国民の悲劇というほかありません。

斎藤　デタラメでした。

植草　ええ。もともと小沢さんが党首の時代に、党運営が非民主的だと批判していたのが岡田さん、野田さん、前原さんたちでしたが、野田、岡田、前原さんらによる党運営は、そのはるかに上を行く、横暴暴走運営と言わざるを得ません。完全な民主主義のいわゆるデュープロセス違反であり、このまま国会を通過して実行されるとなると、日本の民主主義は死を迎えてしまうということになります。私が政局ではなく政策だ、日本の民主主義の根幹に関わる問題だと主張する理由はここにあります。

それでも、救いがないわけではありません。政権が暴走して国会が強引に消費増税法を可決させても、消費増税を実施する前には必ず総選挙が行われます。この選挙で国民がどのような判断を示すのかが最大のポイントになります。国民にとって一番大事な政策問題について、国会が暴走しても、最後に判断を示すのは、主権者である国民だという基本を絶対に忘れてはならないと思います。

斎藤　確かめておきたいことが一つ。いま植草さんは、二〇〇九年八月の政権交代選挙の際、大事な争点は消費税だったとおっしゃったけど、あの時はそんなに前面に出てましたっけ。当時の民主党は小泉構造改革に対する批判みたいなニュアンスを非常に強く打ち出していたように記憶しているんですが。

二〇一〇年〜一三年のための布石

植草　私は、二〇〇八年の春にブログ「植草一秀の『知られざる真実』」を開始して情報発信し続けているのですが、二〇〇九年の春から八月の投票日まで、この総選挙の最大の争点は消費税問題だと書き続けました。そのことが私の認識に影響しているかも知れません。実際、私のブログでは、二〇〇九年四月一四日に「『献金・天下り・消費税』が次期総選挙三大争点だ」のタイトルで記事を掲載し、同じ記事を八月一四日にもアップしました。

私はかつて大蔵省で働いていたことがあって、後ほどまた話題にもなると思うんですが、大蔵省の最重要テーマは、常に増税問題であるとの現実が存在します。二〇一〇年に参議院選挙があります。すると、解散がなければ二〇一三年まで衆参の国政選挙はない。空白の三年というものができます。これは3と4の最小公倍数で一二年に一度ということなんですね。

ここに着目すると、財務省は必ず、この二〇一〇年から一三年の間の増税決定を目論んでくる。これが私の読みでした。実際、財務省はそのための布石を着々と打ち続けていた。自民党政権時代に麻生政権が所得税法の改正を実行しました。先に述べた「附則一〇四条」です。つまり、二〇〇九～二〇一三年までの衆議院議員任期四年が消費増税を決定すると財務省が考える、唯一にして絶対のタイミングであるはずだと判断したわけです。

この意味で私は、二〇〇九年八月総選挙が極めて重大なものだと認識し、逆に、総選挙でこの問題を前面に押し立てることが絶対に必要だと判断していたわけです。

このような図式を読み取っているなかで民主党代表選が二〇〇九年五月に行われた。いわゆる「西松事件」の余波で小沢一郎さんがメディアの総攻撃に遭って退陣させられ、代表選が鳩山さん対岡田さんという構図で戦われることになった。先ほど触れたように、私は鳩山さんに強くお願いしました。次の衆議院任期中は消費増税をやらないことを明確に公約として打ち出していただきたいということを、です。

財務省の策略としては、民主党の後継代表には岡田さんを据えることが既定路線だった。あとで話題になるかも知れませんが、日本を支配し続けてきた米・官・業のトライアングルにとっては、彼らの利権維持を脅かす小沢さんや鳩山さんは邪魔な存在だったのだと思います。これらの邪魔者を消して、岡田さんや前原さん、あるいは野田さんなどのような、米・官・業のトライアングルと結託できる人物に民主党の実権を握らせておきたかったのだと思うんです。

財務省のストーリーに狂いが生じたのには、小沢さんが辞めるときに西松事件による引責辞任とはしなかったことが原因でした。もともと西松事件、そして、その後の陸山会事件は、米・官・業利権複合体による小沢一郎氏つぶしを目的とする政治謀略であるとの見立てが正しいと私は判断していますが、小沢さんは敵の激しい攻撃を巧みにかわしたと思います。民主党の次の代表選への影響を考えて、総選挙への悪影響を避けるために、引責辞任ではなく、筋を曲げて辞任する、との説明を忘れなかった。この説明の効力により、小沢代表体制の幹事長だった鳩山さんが代表選に出馬でき、勝利を収めたわけです。これが財務省にとっては思わぬ誤算になりました。

二〇〇九年八月一五日、野田の「シロアリ」演説

植草　二〇〇九年総選挙にはいろいろな争点がありました。斎藤さんが言われた「小泉構造改革からの訣別」というのも当然ありました。また、沖縄の普天間基地返還問題がクローズアップされました。さらに、私が特に注目したのは、二〇〇九年三月に小沢さんは西松事件との関連で、企業・団体献金の全面禁止を打ち出したことが、そのまま民主党政権公約に盛り込まれたことです。

日本を支配してきた利権複合体を私は米・官・業のトライアングルとも表現していますが、アメリカが支配する日本、官僚が支配する日本、それから大資本が支配する日本という三つの柱で見ますと、それぞれに対応する形で民主党は公約を提示しました。大資本の支配に対しては企業献金禁止を打ち出し、アメリカへの隷従に対しては普天間基地の県外・国外移設の方針を示し、官僚支配に対しては天下りや「渡り」を根絶するということを前面に出したわけです。

これが二〇〇九年総選挙に際しての民主党政権公約の三点セットで、この天下りと「渡り」の根絶というのは、消費税を増税するよりもこれが優先されなければならないとの意思表示であり、この消費増税問題が争点になったと私は認識しているわけです。

これは私の個人的な見解ではあるのですが、実際に鳩山さんなどに働きかけもして示された政策方針でもあることから、この三点ないし四点が最大の争点だとの認識の下で二〇〇九年総選挙をみていたわけです。それを申し上げたのですが、世間一般の捉え方とは、あるいは異なる部分があるのかも知れません。

斎藤　ええ。

植草　先ほども触れましたが、野田さんの二〇〇九年八月一五日の大阪街頭演説のユーチューブ映像は、私が今年の一月一五日にブログで紹介したところ、三千回の再生回数が一週間で三〇万回を超えました。

野田さんの発言はすでによく知られるようになりましたが、次のように言ったのです。「消費税五％分の皆さんの税金に、天下り法人がぶら下がっている。シロアリがたかっているんです。シロアリを退治しないで、消費税引き上げるんですか？　消費税の税収が二〇兆円になるなら、また、シロアリがたかるかもしれません。鳩山さんが四年間消費税を引き上げないと言ったのは、そこなんです。シロアリを退治して、天下り法人をなくして、天下りをなくす。そこから始めなければ、消費税を引き上げる話はおかしいんです」と消費税の問題に力点を置いて、天下りとか渡りの問題に手をつけないで消費税を上げるのかということを熱弁されました。

その前、七月一四日に麻生政権に対する内閣不信任案が衆議院本会議に上程されたときには、「これだけの税金に、一言で言えば、シロアリが群がっている構図があるんです。そのシロアリを退治して、働きアリの政治を実現しなければならないのです。天下りをなくし、渡りをなくしていくという国民の声にまったく応えない麻生政権は、不信任に値します」と渡りを根絶すべきであることを滔々《とうとう》と述べました。話のなかでは、厚生労働省の社会保険庁トップ経験者が渡りを繰り返して、退職金だけで三億円を超えたなどの具体的な事例にまで言及して、麻生政権を糾弾したのです。消費増税の是非だけが争点ではなかったかも知れませんが、この問題は、少なくとも永田町と霞が関にとっては極めて重要な争点の一つだったと私は思っています。

斎藤　ほんのちょっと前の話なのに、ずいぶん昔のことみたいに感じますね。

もう一つ、その後で参議院選挙、二〇一〇年の七月です。ちょうど僕が『消費税のカラクリ』（講談社現代新書、二〇一〇年）を何とかそれに間に合わせたかったのでよく覚えている。結局それは間に合わなかったんですけど。たしか自民党が一〇%と言っていたんでしたっけ？　菅直人さんがそれと同じ水準で上げていいんだ、というようなことを言いだしましたよね。民主党としてはその時点で考え方を変えたと表明した、そういうつもりだったんですか。

鳩山由起夫が踏んだ二つの「尾」

植草　そこに至るまでの経過を少し振り返っておきたいのです。

二〇一〇年の六月二日に鳩山さんが辞意表明されます。五月三〇日の日米合意で普天間の移設先を辺野古に戻ってしまったことで責任が問われて鳩山さんは辞めざるを得なくなりました。

私は菅さんとは昔からある程度の接触がありました。菅さんは私が主張してきた天下り廃止について、比較的早い段階から熱心に主張されてきた方なんです。ところが、副総理になったころから様子がおかしくなり始めて、たとえば普天間の問題についても、できるだけ関与しないようにしようとの姿勢があからさまになってきました。どうも様子がおかしい。菅さんは総理に手が届く位置に身を置いてからというもの、政策を実現することよりも総理になることに軸足を完全に移してしまったのだと思います。菅さんが一番熱心だったのは、鳩山政権がどのような経緯をたどって潰されていくかを横で観察することだったのではないでしょうか。

鳩山さんは二つの尾を踏んだのだと思います。一つは普天間問題でアメリカに楯を突いたこと。もう一つは二〇〇九年から二〇一三年の間に何としても消費増税を決定するとの財務省の既定方針を土台から封印してしまう方針をかかげたことです。

財務省はこの目的を実現するために麻生政権に所得税法附則一〇四条を作らせました。自民党が附則一〇四条に基づく消費増税が掲げて選挙を闘った一方、鳩山さんは消費増税はやらないと言って闘いました。鳩山さんが国政選挙で勝利した以上、選挙が終わった後に、本来は所得税法付則一〇四条を凍結する法案を出して消費増税を封印する必要がありました。ところがこれをやらなかった。鳩山さんのサイドはうっかりだったと思いますが、財務省は違う。知っていてサボタージュしたのだと思います。

財務省が麻生内閣に作らせた所得税法附則一〇四条と国民が選択した鳩山政権の誕生のどちらに正統性があるのかを考えねばなりません。主権者である国民の選択によって鳩山さんが勝ち、附則一〇四条は否定されたのですから、当然、消されねばならないのは附則一〇四条の方でした。ところが、財務省は驚くべき方向に動いた。附則一〇四条を消し去るのではなく、鳩山政権を消し去る方向に動き始めたのです。こののち、鳩山さんは税の問題で激しく攻撃されました。財務省傘下の国税庁は刑事告発権を持っています。税の問題を処理するに際して、これを修正申告で済ませるのか、脱税として刑事告発するのかを決める裁量権が国税庁にあります。たぶん、これを使って……。

斎藤　お母さんに多額の金をもらった、というキャンペーンはその辺ですか、やっぱり。

植草　と思いますね。鳩山さんとしては、強行突破を試みればこれを阻止しようとする財務省によって人為的に犯罪人にされてしまいかねないということもあり、万やむを得ず引かざるを得ないとの判断に進んだのではないかと私は推測しております。

斎藤　なるほどね。

植草　で、結局、鳩山さんは米国と財務省によって潰されたわけですね。陰で見ていた菅さんですが、菅さんの最大の目標は、このときすでに政策を実現することではなく、自分が総理になること、その総理の椅子にできるだけ長く居座ることになってしまっていたと思うんですね。

どうすれば総理の椅子をつかみ、どうすれば総理の椅子に長く居座っていられるかだけを考える境地にあった菅さんがたどり着いた結論とは、鳩山さんの轍を踏まないこと、つまりアメリカに忠誠を誓うこと、そして財務省に恭順の意を示すことだったのだと思います。

菅さんは総理に就任すると真っ先に、辺野古に新しい基地を建設するという日米合意を守ることを表明しました。まずはアメリカにひれ伏すことを意思表示したのです。

鳩山さんが普天間を辺野古以外の県外、国外に移すとの公約を実現できずに引責辞任したのですから、菅さんはまず、これまでの経緯を踏まえて、日米合意を再考することを表明するべきでした。それがものの道理というものだと思います。それをいきなり日米合意を守ると言い放った。国民はなめられたものだったと思います。この、国民をなめきった態度というのが、消費増税問題でもいかんなく発揮されたわけです。

菅さんは、二〇一〇年六月一七日にマニフェスト発表会見を行いました。参院選に向けての公約提示です。この会見で突然出てきたのが消費税率一〇%への引上げ政策です。補足説明した玄葉光一郎さんは最速のケースでは二〇一二年秋に消費税率を一〇%に上げると明言しました。

斎藤さんが、民主党は二〇一〇年七月の段階で方針転換を表明したのかと質問された点について言えば、菅さんが突然消費税率一〇%を公約に掲げた事実があるだけで、党として論議をしたとか、方針転換を決定したとかという事実は存在しないのです。菅さんが個人の考えを党内の正規の手続きを一切踏まえずに、独断で勝手に選挙公約として発表してしまったというものだったのです。これも完全なるデュープロセス違反で、野田さんの暴走の前例は、実は菅さんが作っているわけです。これでは、民主党ではなく「非」民主党に党名変更するべきですね。

国民が覆す機会はまだ残っている

斎藤　自由のない民主党ですか（笑）。

植草　たしかに、財務省と結託する部分は自民党で、ここから自由を取ったのが民主党ということになりますね。こうして、民主党内の論議をすっ飛ばして、ただひたすら財務省路線に乗り込むかたちで菅政権はスタートしました。国民にとっても、民主党内の議員にとっても、まさに「寝耳に水」の消費増税公約提示だったわけですが、ただ一つ救いがありましたのは、七月一一日に参議院選挙があり、菅さんがこの選挙を菅内閣に対する信任投票であると位置づけたことです。

二〇〇六年から二〇〇九年まで、自民党が総理を毎年変えて、政権をたらい回ししたときにもっとも激しく批判したのが菅さんでした。菅さんは、国民の信任を受けていない政権に正当性はないと強く主張しました。この主張がブーメランのように菅さん自身の身を襲ったわけです。菅さんは参議院選挙に勝てると思ったのでしょう。菅さんは参議院選挙を菅内閣に対する信任投票と位置づけたのです。

当時、幹事長職にあった枝野幸男さんが時事通信社のインタビューに答えたやり取りが、いまもネット上で閲覧できます。参院選の意味を問われた枝野さんは、「一言で言えばこれは菅内閣に対する信任投票です」と明言しました。これは動かぬ証拠です。そう位置づけされた参院選で菅直人民主党は大惨敗しました。したがって、菅さんは参院選直後に辞任するべきでした。私はブログに、長渕剛さんの「乾杯」のメロディーに合う「菅敗」という替え歌を掲載して、菅内閣の総辞職を求めました。ところが菅さんは、それから一年以上も総理の椅子にしがみつきました。

主権者である国民は、二〇一〇年七月に、国政選挙を通じて消費税増税に二度目の「ノー」をはっきりと示したことになります。二〇〇九年総選挙と二〇一〇年参院選という直近二回の国政選挙を通じて、消費増税はノーであるとの民意が明示されたわけです。

その一年後に登場したのが野田さんです。民主党の代表選に際して野田さんは、消費税に前向きな姿勢は示していました。しかし、代表選はあくまで民主党内部の行事であり、民主党と主権者国民との契約であるマニフェストが、主権者国民に対する説明なしに変更されることが許されるわけではありません。しかも、野田さんは代表選の投票直前の演説でも、消費増税を公約には掲げませんでした。

消費増税公約提示で暴走した菅さんでしたが、増税を打ち出した際に確約していたのは、「大きな税制改革をやる場合には必ずその前に総選挙で民意を問う」ということでした。このときの菅さんの説明では、国会で税制改正を決める前の提案段階で国民の信を問うということだったはずでした。ところがその後、この点があいまいにされて国会が税制改正を決めてしまった後で、増税の施行より前に選挙をやればいいんだなどという話が、なし崩し的に流布されてきたわけです。本当におかしなことだらけです。

それでも野田政権が強引に成立させようとしている消費増税法の実施時期は、二〇一四年四月と一五年一〇月ですので、必ずその前に、総選挙も参院選も実施されることになります。これが唯一の救いというべきでしょう。

斎藤　ですね。仮りに解散がなくてもね。

植草　なくてもですね。ですから、紆余曲折があり、看過できない重大な問題も多くありますけれども、最後に国民が判断をする機会は残っているので、その機会をしっかりと活用しなければならないと思います。ただ、財務省、そして財務省の意向を受けて活動している財務省OBの自民党の伊吹文明さんや野田毅さん、あるいは民主党の藤井裕久さんや大串博志さんたちは、増税法の成立から選挙までの期間を空けようとしているんですね。法律成立直後の選挙がどうしても消費増税選挙になることを彼らは恐れているわけです。

斎藤　そうですね。忘れた頃でないと自分らの責任も問われてしまう、と。

植草　消費増税の是非が選挙の争点となる側面を薄めるために、総選挙を最大に先送りして衆参ダブル選挙にしてしまおうという案まで取り沙汰されています。、早期の解散総選挙が望まれますが、増税推進勢力が姑息な考えで選挙を先送りしようというなら、主権者国民勢力も腹をくくって、増税推進派がいかなる手段を用いてきても、それでも、そのような悪行は断じて許さないとの気迫をもって対処しなければならないと思います。

鳩山・小沢から菅・岡田へ――アメリカの決断

斎藤　そうですね。
先ほどの菅さんの変心ということについて。僕が二〇一〇年の選挙のあとよく覚えているのは、広島の原爆の日の平和祈念式典の後の記者会見で、菅さんは、「核抑止力はわが国に必要」だと平然と言い放ちましたよね。秋葉忠利市長が式典のあいさつで、核の傘からの離脱を求めたことへの返答です。自民党の総理でもそこまで言えなかったようなことを、わざわざ原爆を落とされた日の広島で言った。なんだこいつ、市民運動家でも何でもないじゃないかと思ったことがありましたが、それはそういう背景があるわけですね。

植草　菅さんの対米隷属への転向を誘導したのも財務省なのでしょう。二〇一〇年の四月、菅さんが副総理・財務大臣の肩書きでワシントンに行ったとき、行かなくてもいいアーリントン墓地を訪問しています。どうもこのときにワシントンに忠誠を誓ってきたらしい（笑）。

二〇一〇年初頭にはもう一つ、見落とせない出来事がありました。二〇一〇年の二月二日に米国務次官補カート・キャンベルが東京に来て小沢さんと会談し、その翌日ソウルに行って、今度は韓国外交安保主席補佐官キム・ソンファンと会ってます。ウェブサイト「ウィキリークス」は、このときキャンベルがワシントンに報告した内容を暴露しています。日本の外交窓口を鳩山・小沢ラインから菅・岡田ラインに変える、そしてそのことを韓国にも伝えた、と。

その直前にあたる二〇〇九年一二月、小沢さんが中国に大デレゲーションを編成して訪問しています。このころ他方で、小沢さんの二〇一〇年春の訪米が米国から打診されていました。アメリカから小沢さんに、普天間の問題を含めてアメリカの要求を呑めというネゴシエーションがあったのだと思うのですが、最終的に小沢さんは二月二日のキャンベルとの会談で米国の要請を退けたのだと思います。

この回答を受けてアメリカは小沢・鳩山ラインを潰すという方針を決めた。これが二月三日のワシントンへの打電の意味だと思います。アメリカは小沢・鳩山ラインを潰して、後がまに菅・岡田ラインを据えることを決定した。菅さんが二〇一〇年四月にワシントンを訪問して、アメリカへの忠誠を誓ったということも、この文脈で理解するとまさにピッタリと合います。

アメリカが鳩山政権を潰し、これに代えて菅政権を樹立させたというのが「知られざる真実」なのだと思います。

斎藤　野田さんも菅内閣で財務大臣でしたよね。その頃から増税、増税って騒いでた。いかにも財務省のいいなりの奴だなあという印象を当時から持っていたんですが。

植草　野田さんは、二〇〇九年、鳩山内閣時代に財務副大臣になります。財務省ＯＢで、今回の消費増税をけん引した一人である藤井裕久さんが財務大臣に就任し、藤井さんの強い引きで野田さんが副大臣に引き上げられます。このときから、野田さんは消費増税推進の強い「指導」を受け始めたのだと思います。そして野田さんは菅内閣誕生とともに大臣に昇格しました。

菅さんは総理の椅子を掴むために、財務省と結託すること、アメリカと結託することを軸に置いたと思われるのですが、同じ時期に広がり始めたヨーロッパの債務危機に乗じて財務省が日本の財政危機説を菅さんや野田さんに洗脳していったのだと思います。菅さんも野田さんも経済の素養が乏しいので、財務省の役人から繰り返し「説明」を受けると、簡単に籠絡されてしまったのだと思います。

財務省イコール増税省？　消費税省？

斎藤　財務省の権力というのは、ほんとに強大だなあと改めて思います。ほめてるんじゃないですよ。税金を集めて使う権能を弄んでいる連中には吐き気を覚えます。基本的なことをうかがいますが、財務省というのは消費税増税で完全に一枚岩なんですか。違う勢力ってありえないんですか。

植草　私は、財務省というのは存在そのものが「増税省」だと思います（笑）。彼らにとって増税は正義であり、減税は悪なのです。

グラフ（図1）をご覧ください。主要税目の推移をみますと、一九九〇年に六〇兆円を超えた日本の国税収入が、二〇〇九年には四〇兆円を割り込みました。二〇年間で二〇兆円以上も年間税収が減った。そのなかでとりわけ激減したのが、所得税と法人税なんです。

斎藤　それは不景気だからということですか。

植草　そうですね。景気の動向を強く反映しますので。また、法人税については減税が繰り返されたことも影響しています。逆に増加の一途を辿ってきたのが消費税です。個人消費の規模に比例して税収が増えるので景気変動からほとんど影響を受けない。この意味で安定的な税収

図1　一般会計主要税目税収の推移

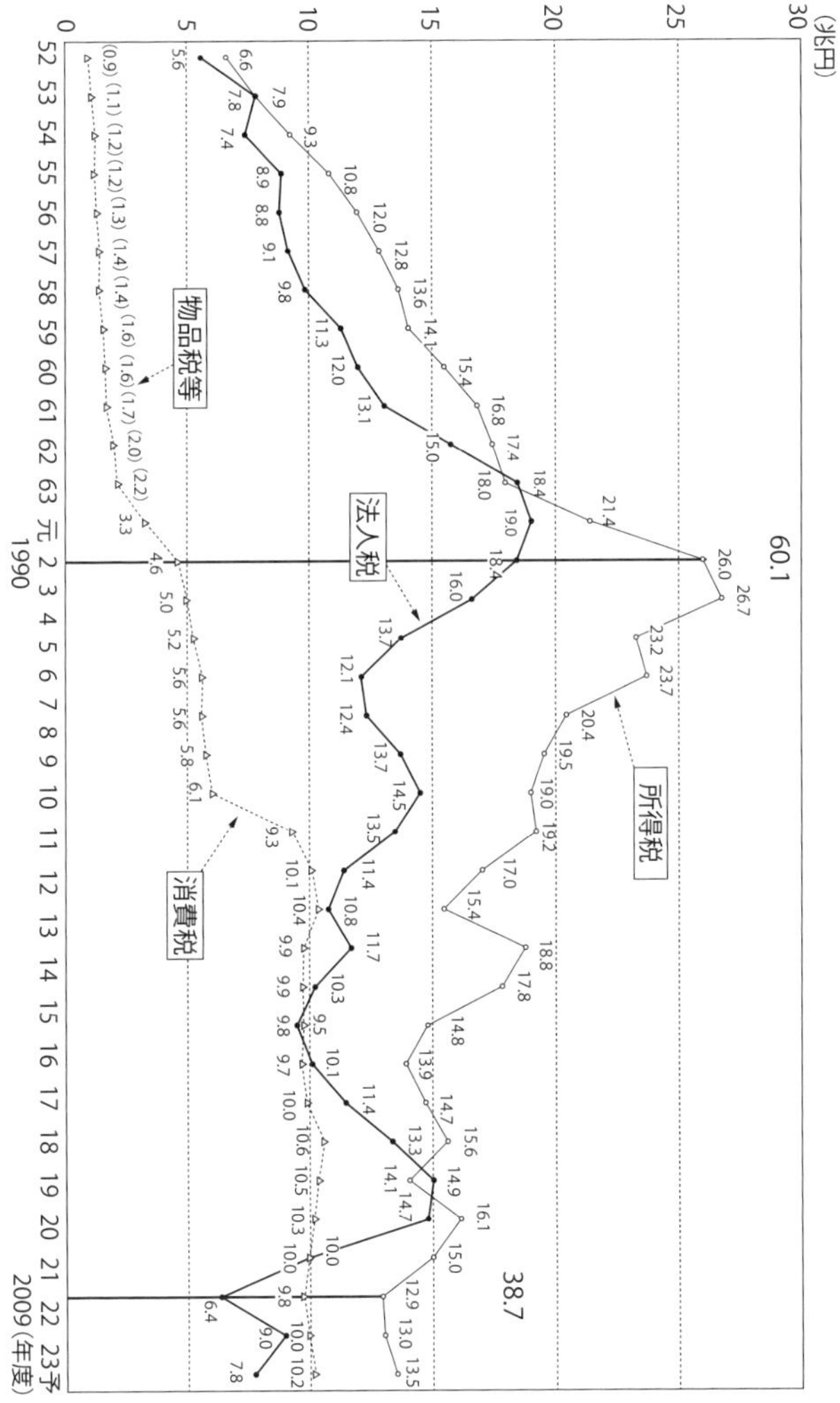

確保の視点に立つと、消費税というのは何とも財政当局にとって好都合な税目ということになります。一般庶民から取り立てる税であり、景気に左右されないということで、「増税省」のなかでもっとも評判がいい。「消費税省」という感じでしょうか（笑）。とにかく安定税収の側面では消費税が一番。これ以外では固定資産税などのストックにかける税収も安定性が高い。こうした安定性のある税収に対する志向は非常に強いんです。

斎藤　かねて直間比率の是正といっていた流れですね。所得税、法人税などの直接税と、消費税、タバコ税などの間接税の比率を見直して間接税（主に消費税）を増やし、景気の変動に左右されにくい安定した税収の割合を高めようという。

植草　是正どころか、もう是正されすぎている。

小沢一郎、判断の軌跡を推測すると

斎藤　ところで、小沢さんはかつて消費税増税の推進側にいた人でしたよね。党を割った現在はともかく、民主党政権、あるいは民主党が野党でも力を持つようになった頃から以降の考え方は、基本的に一貫していたということなんですか。

植草　小沢さんが党首になったのは二〇〇六年です。二〇〇九年に政権交代が実現しましたが、その過程で「国民の生活が第一」というスローガンを掲げ、さらに二〇〇九年の総選挙に際してマニフェストのなかに政権公約を掲げたわけです。このマニフェストでの消費増税封印は鳩山さんの意向が強かったと思います。先ほどお話しましたが、二〇〇九年五月の代表選での消費増税封印の公約提示が最大のポイントだったと思います。で、そのときに、消費税増税の前にシロアリ退治が必要だという話をして、渡りや天下りを根絶すると言った。

この路線に小沢さんは乗ったと思います。かつて細川政権の時に国民福祉税として消費税率を七％に上げるという話がありました。小沢さんの頭のなかには直間比率の是正とか、将来的に社会福祉の費用を賄うための広く薄い課税が必要ではないかとの考えはあったのだと思います。その基本的な考え方は大きく変わっていないと思いますが、二〇〇九年の時点では政策の優先順位として……。

斎藤　シロアリ退治が先だと。

植草　ええ。そういう判断になったんだろうと思います。

斎藤　なるほど。で、今後の政治の動きは流動的ですが、今度の小沢さんの行動というのはどうご覧になっていますか。

植草　そうですね。私は二〇〇九年の民主党マニフェストのすべてが善だとは思っていません。

その中にはやや無理のある政策、あるいは合理性を少し欠いた政策もありますので、これを全面的に支持するわけではありません。しかし、国政選挙で示された政権公約であるところのマニフェストの意味は決して軽いものではありません。民主主義のプロセスとして、重要な概念として掲げられたのがマニフェスト選挙と言われるものでした。

マニフェスト選挙と「二一世紀臨調」

植草　かつて「新しい日本をつくる国民会議」通称「二一世紀臨調」という団体がありまして、これは一九九二年、宮沢喜一内閣のときに発足したものでしたが、私は小泉純一郎内閣のとき、その政治部会の主査をしていました。部会長は東大教授の佐々木毅さん（その後の東大総長）で、もう一人の主査を飯尾潤さんという政策研究大学院大学の教授がされていました。メディアと財界、労働界、学会の横断組織でした。大手メディアの政治部長が全員入っており、メディアを中心とした機関でもありました。

斎藤　これは政府の審議会とか有識者会議の類《たぐい》とは違うんですね。

植草　審議会ではなく、社会経済生産性本部が事務局をやっていました。ですから、財界、労働界からお金が出ているのではないでしょうか。マスコミの政治部がそろって参加しているところがミソなのだと思います。私は小泉政権の発足前後に在籍しましたが、小泉政権を強く批判した結果除名されました（笑）。会が自然休会になり、新たに組織をリニューアルするとの形で私は排除されました。この「新・二一世紀臨調」が、二〇〇九年の選挙の際に「マニフェスト選挙」を盛んにアピールしました。三重県知事で、私とともに早稲田大学の公共経営大学院の教員を一緒にしていた北川正恭さんもその一人でした。

マニフェスト選挙というのは、国民と政治の間をつなぐもっとも重要なものとして、政権公約を位置づけ、政党の行動をそれに縛らせる仕組みですよね。これまでは国民が主権者でいられるのは選挙期間中だけで、選挙期間が終わると主権者でなくなるというのが実情でした。これを変えようというのがマニフェスト選挙の提案だったのです。政党がマニフェストを示す。国民がマニフェストを吟味して政権を委ねる政党を選択する。政党は提示した公約に最大の責任を持つ。これがあるべき姿とされたわけです。

政党はマニフェストを提示して選挙で審判を受けますが、マニフェストは選挙の時だけではなしに、その後の検証にも耐え得るものでなければならない。一年後、二年後、三年後にマニフェスト検証会を実施して、マニフェストが順守されたかを検証することまで決めた。メディアがこのことに責任を持たねばならないのに、最近この話が世のなかから消えてしまいました。

斎藤　その新二一世紀臨調の？

植草　ええ、そうです。かつて「マニフェスト選挙」を声高に唱えていた北川正恭さんが、先日、テレビで野田さんの消費増税法案に賛同する意見を述べているのを見たときには唖然としました。

「マニフェスト選挙」を大合唱していたメディアが、いまやまったく「マニフェスト選挙」の意義を主張しなくなりました。マニフェストを正面から破棄する行動に賛辞を送る日本のメディアの変質ぶりというか劣悪さをとても悲しく思います。

小沢さんは、もう二〇年も前から日本に本当の民主主義を確立するためには政権交代がいつでも生じる姿が望ましいのだと主張してきました。政権交代がいつでも起こるのが普通の民主主義国である。選挙の際に政党が明確な方針を出し、国民が政権政党を選び、次の選挙の際に、任期中の評定が行われ、国民が次の選択をする。こうした原理に基づく政権交代のある政治システムを確立することが重要だと言ってきました。

こうしたマニフェスト選挙の意義を踏まえるなら、二〇〇九年に民主党が掲げたマニフェスト、つまり政権公約は、原則として守られるべきものだということになると思います。

菅直人さんは、マニフェストの発祥の地であるイギリスでマニフェストについて勉強してきたことをよく話していました。二〇〇九年には菅さんだけでなく小沢さんもイギリスに足を運び、イギリスの議会政治を改めて調べに行っています。このとき、イギリスの首相経験者がマニフェストについて、大事なことを伝授しています。それは、税制の変更といったような、国民生活に直結する重大な問題については、マニフェストに書いてないことは絶対にやってはいけないということだったとのことです。

斎藤　首相経験者がですか。

植草　そうです。これを小沢さんが聞いたということが伝えられていました。この意味でも、二〇〇九年総選挙の際に、衆院任期中は消費増税をやらない、天下り根絶が先だと明言した意味は大きい。子ども手当や最低保障年金、高速道路料金無料化など多くの政策公約があり、財源が不足して実現できないものも出て来るのは当然でしょう。

　状況の変化によってマニフェストを見直すことはあって当然だと思います。しかし、基本の骨格部分を変えてしまうことは許されない。消費増税はやらないと明言した民主党が消費増税を公約に掲げた自民党と手を組んで国会で法律を通してしまうというのは、暴挙以外のなにものでもない、と私は思う。小沢さんの思いも同じだと思います。

斎藤　そういう原理原則を守りたいというのがあるのでしょうね、小沢さんには。

二〇一〇年六月、もう一度政権交代——悪徳民主へ

植草　それと、もう一つ政局話をします。民主党は根幹的な三つの問題を提起しました。官僚利権を切る、アメリカにも言うべきことを言う、財界と政治の癒着を排除する、という三つです。二〇〇九年の鳩山民主党の公約には、企業献金禁止、天下り根絶、普天間の県外、国外移設が示されていました。完全なる新基軸が示されたと言えます。

ところが民主党のなかには、前原さんや岡田さん、そして転向後の菅さんのような、アメリカに従い、官僚利権を守り、企業献金を維持しようとする、完全なる反対勢力、言ってみれば抵抗勢力が存在していました。二〇一〇年六月の政変は、民主党内の権力転換だったわけです。二〇〇九年マニフェストの方針に沿う「正統」民主党に対して、「抵抗」民主党が存在していた。私は変節民主や悪徳民主などと呼ぶべきだと思っていますが、まったく正反対の勢力が同居していたのが当時の民主党だったと思います。まさに水と油の混合体ですね。二〇一〇年六月政変は、民主党の実権が正統民主から悪徳民主に奪われた出来事だと思うんです。

ですから、政権の連続性は二〇一〇年六月で断ち切られた。この時点から政権は「非民主党」政権に転換したと見るべきです。その後も「正統民主」と「悪徳民主」の同居状態は続き

ましたが、今回、小沢さんのグループ議員が離党しましたが、この分裂を私は、二〇一〇年末に上梓した『日本の独立』（飛鳥新社）に予測して書いていました。分裂すべきものが分裂して、ようやく政治が少し分かりやすくなると思います。

斎藤　植草さんは初期のその正統民主党が指導権を握っていた時代については、かなり評価していたんですか。

植草　私は二〇〇九年の八月から一〇月まで東京拘置所に収監されていまして、選挙権まで奪われていたのです。その拘置所の中から鳩山さんに手紙を出していました。

政権発足当初、鳩山さんが普天間の県外・国外移設を公約としたことについて、辺野古への移転で日米合意が出来ていたので、実現可能性を含めて、政権発足時に再検討する必要があることも意見として書きました。それでも鳩山さんが改めて公約として掲げたので、そうである以上、必ずやり抜いてほしいと思っていました。

二〇〇九年三月一七日、小沢さんの秘書の大久保さんが起訴されたことを受けて小沢さんが記者会見しました。このときに小沢さんが企業団体献金の全面禁止を打ち出しました。私は三月六日、一一日、一五日に自分のブログに企業献金全面禁止の提案を書いていました。本当に日本の政治の根幹を変えるには、企業献金の全面禁止が一番有効だと思っていました。企業献金が許される限り、政治は巨大な資本力、金にものを言わせることができる大資本の誘導で動いてしまう。ですから企業献金を全面禁止しなければ政治の構造は変わらないと強く思っていました。

「政治とカネの問題」とよく言われますが、「政治とカネ」の本丸は西松とか陸山会という問題ではなく、企業献金の問題である。企業献金禁止を打ち出すことこそ、「政治とカネ」の問題に対する究極の対応であると思っていたわけです。それでも、企業献金全面禁止の提案を書きながら、さすがに小沢さんもここまでは打ち出せないのではないかとの気持ちはありました。それでも、この声を聴いて欲しいと思っていました。すると、小沢さんがその企業献金全面禁止提案をカメラの前で言い始めたのです。驚きました。小沢さんが引用される「変わらずに生き残るためには自ら変わらなければならない」との言葉を思い浮かべて、大きな一歩だと思ったわけです。

二〇〇九年の総選挙後、小沢さんは、増税の前に天下りを切ると言い、普天間移設先は県外、国外だと言い続けてきました。実現できるかどうか分かりませんが、重要な新基軸を打ち出していることは間違いないと思います。

民主党政権が誕生したとき、アメリカと官僚と大資本が支配してきたこれまでの日本政治を主権者国民の政治に変えるための重要な基本方針は出たと思いました。その実現を期待し、当時の民主党政権の政策方針を評価もしましたが、結局、わずか八ヶ月でこの「革命」政権は潰されて、アメリカと大資本と官僚による支配に戻そうとする勢力が権力を奪ってしまったのはこれまでお話した通りです。

一般には、民主党政権に期待はしたが国民は裏切られたと言われますが、これは事実誤認です。そうではなく、二〇〇九年九月に政権交代が実現したが、この「革命」政権は二〇一〇年六月に倒され、守旧政権が樹立されたというのが正しい。菅直人政権、野田佳彦政権は旧政復古政権であり、この二つの政権による施政が国民の期待に反していることは必然なのだと思っています。

鳩山内閣の人事に問題があった

斎藤　もう早い段階でケリはついていたということですね。鳩山さんが終わったときに、民主党も終わったということですか。

植草　そうですね。民主党が政権公約を守らなかったのではなく、本当の意味の民主党政権は八ヶ月しか存在しなかったのだと思います。それ以後は守旧政治、つまり旧政に戻っているわけで、野田さんを筆頭とするグループが離党して自民党と合流し、元の自公政権になるのが一

番わかりやすい。

斎藤　僕は民主党政権に、何だこれは、と思ったことがあった。それはまだ鳩山さんの頃でしたが、国会で公明党の女性議員が質問したんです。イラク戦争のときに民主党は自衛隊の派遣は憲法違反だと言ったけど今でもその見解は変わらないかと尋ねたら、平野博文官房長官があっけらかんと「現政権としては、イラク特措法自体が違憲であるという考えには至っておりません」と。その言い方がふるっていてね、野党の時はあそこが非戦闘地域だということがわからなかったが、与党になったらわかりましたって（苦笑）。じゃあ何がどう変わったのか、前はわからなくて今はわかったことがあるのであれば、それをちゃんと教えてほしいと思ったら、そういうのは一切ないんですね。要は政権を取ったらアメリカの意向に忠実であることが保身の道だということでしかないのでしょうか。それとも逆らったらまた原爆を落とされるということなのかな？　この人たちはとんでもなく不誠実な連中じゃないかと思ったことがありました。

植草　鳩山さんには、変革を進めるという意識はあったのだと思いますが、鳩山内閣の人事に大きな問題があったと思います。鳩山さんが掲げた政策方針に合う適材適所人事をやらなかったことが大きいと思います。

斎藤　それはできなかったということ？

植草　代表選に勝ったとき、野田さんは「ノーサイドにしましょう、もう」と言いましたが、鳩山さんは自分が代表に選ばれたとき、そして、首相に就任したときに、まさにその人事をしました。反対勢力の人を極めて多数登用した。前原さん、岡田さんなどは、鳩山さんに重要ポストを与えてもらったわけです。本当は、鳩山さんが本当に信頼できる人だけを登用すれば良かったのです。これらの人たちは、さきほどの、いわゆる「悪徳」の人々で、官僚支配、米国支配、大資本支配を崩すのではなく、維持する方向に進んで行った。

普天間の問題も、岡田外務大臣、前原沖縄大臣、北澤防衛大臣の三人が完全に鳩山さんに背を向けて何もやらなかった。何もやらないどころか、鳩山さんを潰す方向に進んで行ったのです。そのために鳩山内閣は潰れた。鳩山さんが「友愛」ではなく、「冷酷」に人事を実行していたなら状況は違ったと思います。しかし、彼らがそこまで「悪徳」とは鳩山さんも思っていなかったのでしょう。甘いと言えば甘い部分はあったのだと思います。

消費税も選択肢からははずせない？

斎藤　さて消費税の問題に戻りますが、植草さん自身は消費税増税はどうしていけないというふうに考えておられるのですか。反対の根拠についてあらためてうかがいたい。

植草　例えば消費税そのものが良くないという考え方があります。特に低所得者層に負担が重いとされる逆進性の問題を中心にですね。私もこの問題は深刻に存在していると思います。ただ、一方で税を調達する際の選択肢というのは比較的限られていて、法人税はありますけれども、所得税の場合には所得の捕捉の問題がありますので、サラリーマンの場合には一円単位で所得は捕捉されますけれども、そうでない事業者の場合にはやっぱり所得の捕捉の不公平というのは非常に大きくあるので、いわゆる水平的な公平ということを考えたときに、消費税は支出水準に比例した課税になりますので、同じ担税能力を持つ人には同様の負担を課すという意味で水平的な意味での公平感はあるんですね。

ただ、垂直的な公平という視点で言いますと、租税負担能力の高い人と低い人の税率が一緒ですので、所得、担税能力の低い人の負担が過大になる。いわゆる逆進性の問題ですが、そのデメリットが大きいと思います。この点は後ほどまた問題になると思いますが、増大する政府支出の財源を調達しなければならないという全体も踏まえれば、消費税も選択肢からは消せないのではないのではないかというのもあり、現時点で全面否定はできておりません。

民主党、手続き上に瑕疵あり!

植草 すでに述べたことですが、いま野田政権が提案している消費増税に対する反対理由は三つあります。

私が一番大事だと思うのは、日本が民主主義国である以上、民主主義の正規の手続きを踏む必要があるということ。大切な要素は、選挙の際の公約を踏まえて選挙で主権者が判断したということです。マニフェスト選挙を通じて国会議員による民意を代表する行動が実現するわけです。また、民主主義政党は、政党内部の意思決定において民主主義のプロセスを重視する必要があります。ところが、民主党の意思決定方式には明らかな瑕疵がありました。野田政権が発足してから執行部に都合のよい意思決定方式を決めましたが、その方式に合理性はありません。党の意思決定を行うには議論を尽くしたうえで最後に多数決採決を行う必要があります。消費税以外でもＴＰＰや原発再稼働も皆同じです。野田さんは「熟議を重ねた」と言いますが、熟議を重ねるのが民主主義ではない。熟議を重ねて最後は多数意見を採用するのが民主主義です。野田さんの流儀は熟議を重ねて、反対多数でも自分の主張を押し通すというもので、これは民主主義ではありません。消費増税は、過去の国政選挙で二度、否定されている問題なんです。これを国民と約束した政党が野党と手を組んで決めるというのは、ほとんど詐欺です。国民のなかから刑事告発する人が出て来てもおかしくはないほどです。これが第一です。

名ばかり「一体改革」でシロアリのための増税

植草　菅政権の時代にも消費増税の話が出ましたが、菅政権は決めなかった。なぜ決めなかったのかというと、選挙で否定されたからです。大がかりな税制改革の問題は、社会保障の制度改革論議と一体のもので、これらの改革案を合わせて国民の前に提示をして、それを選挙で国民が判断したうえで法制化を進める。こういう話だったんです。

斎藤　当然でしょうね。

植草　社会保障というのは具体的には、年金、医療、介護などの問題です。年金が一番大きな問題ですが、野田内閣の提案は従来の自民党の提案とほとんど変わりがありません。民主党は選挙でこれを根本からリニューアルして最低保障年金制度を導入すると言った。構想として評価はできるのですが、全員一律に七万円の基礎年金を税金で渡すとかなりお金が必要になるので、これだけで税率一〇％とか一七％とかになってしまう。それは財源的にかなり難しいなということがある。また、いままで一円も年金保険料を払わなかった人と、なけなしのお金で保険料を払ってきた人が同じ金額の年金をもらうことになるというのも理不尽ではないか、などの批判には説得力があります。……そういういろいろな問題があります。

話が少し横にそれますが、日本の年金財政が破綻しつつある背景には、日本が実質的に賦課方式〔必要な年金原資を、同時期の現役世代の保険料で賄う〕を採用しているという事情がベースにあります。年齢別の人口構成がこれから急激に変わるので、現役世代が急減して、年金受給世代が激増します。そのため収支のバランスが壊れるわけですね。賦課方式は世代間扶養とも言いますが、この制度は、前提として、損得を言うべきではないとの考え方を置いています。若い人がお年寄りを支えるのは倫理的に当然であるとの考えに立つものですから、損だとか得だとかの不平不満を言うなとの暗黙の前提がある。ところが実際には、どうしても損得の話を消すことは難しい。

損だ、得だの話をどうしても避けて通れないのであれば、賦課方式というシステムそのものを見直すべきなのです。システムを積立方式に変えて、自分が積み立てた保険料を高齢になって受けとる形にする。そうすれば、損得問題は解決できるんですね。ですから、損得問題が拡大する時代に入ることを踏まえるなら、賦課方式を積立方式に変えることを考えるのが正しい道だと思います。制度を切り替えるとなると四〇年もの時間がかかるなどの批判を耳にしますが、時間がかかっても変えた方が良いのであるなら変えるべきでしょう。積立方式をベースに置いて、現行制度の歪みをなくす方向に制度改正を行うべきとの意見も提示されていますが、野田内閣はこうした制度の抜本改革に背を向けています。

年金制度の設計は無限にあり得ますので、数多くの設計図をよく比較検討して、そのなかから一番良い設計図を採用する政策決定プロセスが必要ですが、野田内閣は、民主党の最低保障年金制度と自民党が掲げる従来型制度の維持という二つの案だけで議論しているわけです。しかも、年金制度改革の具体像を示さず、最終的には民主党提案の最低保障年金を捨てて自民党案に戻ることは見え見えなのですが、社会保障制度改革は行わずに、ただ単に増税だけを決めるというのが、野田内閣の「社会保障・税一体改革」の実相なのです。つまり、「一体改革」ではなく、「単なる増税」であるというのが第二の問題です。

この増税の本当の狙いを一言で表現するなら、「シロアリ増税」ということになると思います。どういうことかと言うと、増税の目的は官僚利権を維持するための財源確保策である。官僚機構にとって何よりも大事な官僚利権を維持するには財源が必要です。このまま財政事情の悪化が深刻化すると、いよいよ官僚利権を切らねばならなくなる。そうなる前に、予防的に大増税で財源を確保しておこう。これがいま消費増税を強引に進めている本当の理由だと思うのです。

野田佳彦さんが大阪の街頭で言った通りなのです。「消費税が二〇兆になったらまたシロアリがたかるかもしれません。シロアリを退治しないで消費税を上げるんですか？」と野田さんは声を張り上げました。この警告はまさに正論でした。野田さんは、消費増税で得る税金を全額社会保障に充てると言っていますが、社会保障支出は消費増税の金額よりも大きいので、増税分を全部社会保障に充てると言い切っても、嘘にはなりません。増税分は全部、社会保障に充てるけれども、いままで社会保障に充てていた財源を他の支出に回してしまうことは許されてしまう。そうなると、結局、消費増税で得たお金が、実質的に社会保障以外の費目に充てられるということは十分にあり得ることになります。お金に色がないことを利用した、言葉遣いのトリックで、国民を騙してしまおうという魂胆がくっきりと浮かび上がります。

いままで一般財源から社会保障に充てていた分を切って、新たに消費税で増えた分をここに充てはめるということになる。いままで社会保障に向かっていたお金を利権まみれの公共事業に回すとか、官僚利権を生む政府支出に回すことは確実に実行されるでしょう……。

斎藤　かえって社会保障は減ってしまうわけですね。

植草　その可能性も十分にあります。消費増税で得るお金を他の支出に回すことが実質的に可能である一方、社会保障制度改革推進法には、消費税を社会保障支出の財源とするとの規定が盛り込まれた。この法律の解釈次第では、先々は消費税率をさらに上げないと社会保障支出を増やせなくなる可能性すらあります。増税は強行し、社会保障は削減するという、悪夢のような政治が行われようとしています。官僚にとっては、国民の生活よりも何よりも、「自分の生活が第一」、「官僚の生活が第一」で、この精神が消費増税を貫いています。社会保障充実のた

図２　税収の推移——減少が生じた三度の歴史事実

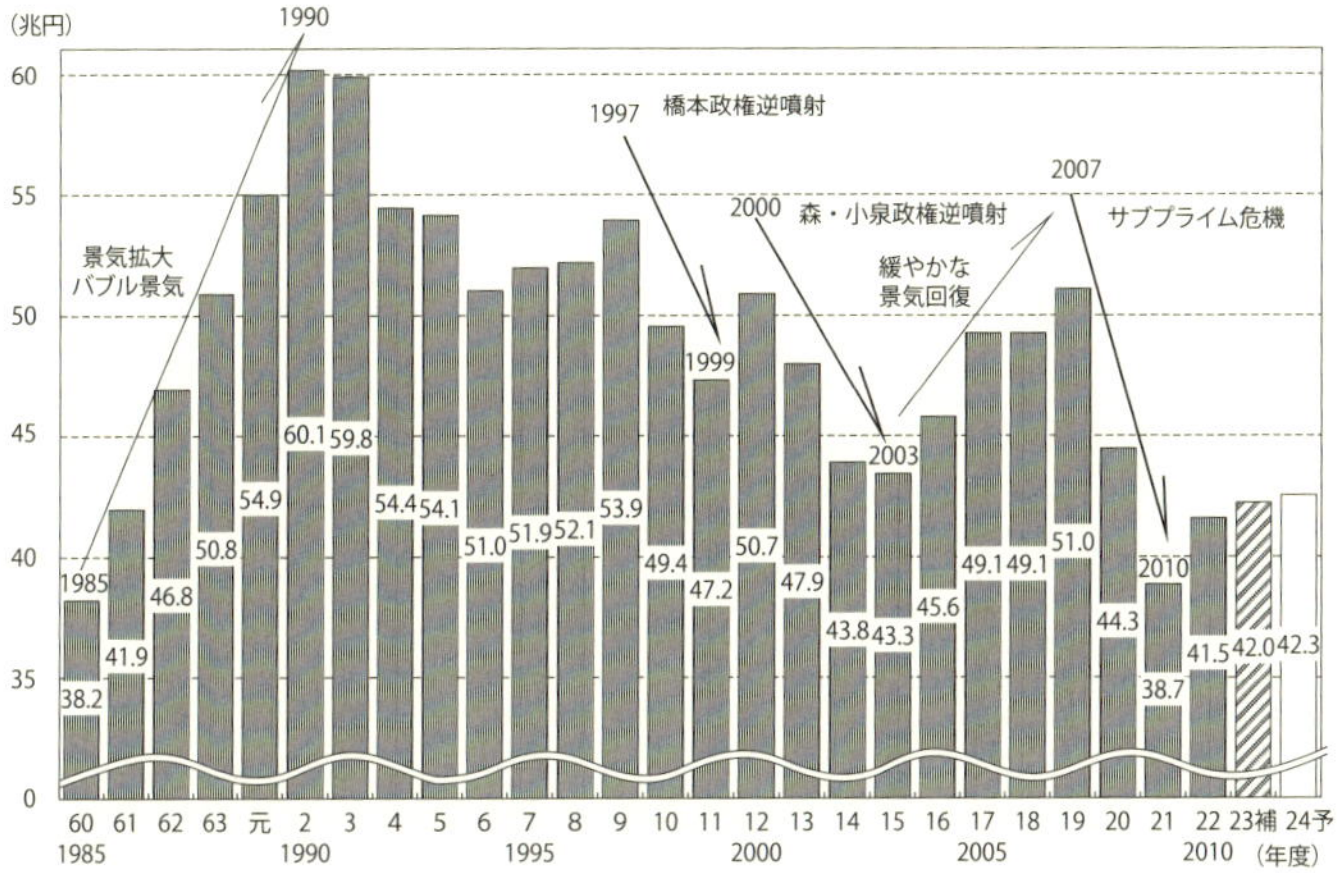

めの増税ではなく、官僚利権を温存するための増税というのが実相であり、このことが第二の問題のもうひとつの側面なのです。

成長も分配も危機にあるのに

植草　三つ目の問題は経済との関係です。一九九七年に増税をしましたけれども、全体の税収は落ちているんです。ここにグラフ（図２）がありますが、国税収入は九七年から九九年に落ちました。それから二〇〇〇年から二〇〇三年も落ちました。これは小泉改革の時代なのですが、財政を立て直すことを目的に超緊縮財政を実行したら、景気が壊れて税収が減り、財政赤字は思惑とは逆に増えてしまいました。大増税は必ずしも財政再建をもたらさないことが実証されています。財政を立て直すには、まず、経済成長を確保することが大事なのです。

経済政策のテーマは二つあると思います。それは成長と分配です。一九九七年に五二三兆円だった日本のGDPが二〇一一年には四九八兆円に減少しました。これは一九九一年のGDPよりも少ないのです。、この二〇年間、日本経済のパイは小さくなり続けています。そのために国民生活が疲弊しているのが実態です。これが一つ大きな問題です。もう一つの問題は、この二〇年間に、その縮小したパイをどう皆で分け合うのかという、いわゆる「分配」において、偏りが非常に激しくなったということです。いわゆる「格差」が激しく拡大しました。経済政策の課題は、経済のパイを大きくすることがひとつ、そしてこのパイを皆でどのように分け合うのかというのがもうひとつということになります。

この「分配」という問題をもう少し詳しく見ると、経済活動の果実をどのように分け合うのかという第一段階と、その分け合った分配所得を政府が再調整する第二段階とに分けることができます。これを「所得分配」と「所得再分配」と言います。一億総中流といわれていた時代、民間の所得格差はそれほど大きなものではありませんでした。すべての人が中流に属していると認識していることを「一億総中流」と呼んだとすると、この中間所得者層が非常に分厚かったことが分かります。ところが、二〇〇〇年以降の日本では、所得格差が急激に拡大したと見られています。アメリカでも「九九％運動」などの言葉が使われていますが、これは、社会の富の大半を一％の超富裕層が握ってしまい、九九％の国民が低所得者層に没落しているとの主張を示しています。日本でも中間層が没落して、ごく少数の富裕層と大多数の低所得者層に、二極分化が進んだと見られています。

このような時代には、「第二段階」である「所得再分配」の機能が注目されることになります。所得再分配の機能というのは、財政が持つ機能のひとつで、所得の多い人からたくさん税金を徴収して、そのお金を所得の少ない人の生活を支えるために政府が支出することなどを指します。政府によるこの「所得再分配政策」は、一億総中流の時代には、必要性がさほど高くありませんでしたが、現在のような「格差の時代」には、一躍脚光を浴びる存在になります。というか、国民が光を当てなければならないのだと思います。「格差の時代」のいまこそ、財政の所得再分配機能を重視しなければならないわけです。このことを踏まえると、消費税の持つ「逆進性」の意味はこれまで以上に重大になります。消費増税論議では、何よりもこの「逆進性」が重視されなければならないと思います。

逆進性に関連して、さまざまな提案もなされています。ひとつは非課税品目や軽減税率の設定、二つ目に給付付き税額控除制度の導入。消費税率をある程度高い水準に引き上げる場合には、こうした政策対応は不可欠になると思います。

ただ、複数税率などを導入するためには、インボイスなどの方式（個々の取引内容を記録し、税務署に提出する〕を導入しないと実行が非常に難しいという問題があります。ただ、インボイスを導入するとなると、それに伴う大きな事務負担が生じてくるという新しい問題が発生します。これらの問題をクリアしなければなりません。

今回の制度改正では、これらの諸問題についての決着がすべて先送りされました。財務省は給付付き税額控除制度の導入にも、複数税率の採用にも消極的で、政府が作るという「社会保障制度改革国民会議」で決めることとされていますが、このような会議を財務省が誘導することは確実で、結局、財務省に都合のよい制度しか出て来ないことになると思います。

それから、制度改正の大きな目玉である歳入庁の創設〔野田政権は年金保険料と税金を一体的に徴収する「歳入庁」の創設を「平成三〇年以降速やかに目指す」とする政府案を正式決定していた〕ですが、財務省はこれも消し去る姿勢です。消費増税は、民主党提案が三党協議で修正されるというプロセスを踏みましたが、その内実は、民主党案に合った提案のうち、財務省にとって邪魔なものをすべて消し去った、あるいはこれから消し去る、というものなのです。修正協議の前から、財務省の意向で、軽減税率をやらず、給付付き税額控除をやらず、歳入庁も創設せずで着地すると見られていましたが、まさにその通りになりました。財務省の財務省による財務省のための「単なる増税」が着々と進行しているということです。やらないということで突き進めば、もう悪税だと思いますね。

「クロヨン」伝説は分断の道具では？

斎藤　おおむね同感なのですが、一つだけ異論があります。植草さんのお話で課税対象所得の税務署による捕捉率のことがふれられました。例のクロヨンの問題〔捕捉率がサラリーマン9割、自営業者6割、農業林業など従事者4割とされる定説〕です。植草さんはお勤めの時期が長いから、やっぱりそう思われるのかなあと思いましたが、僕は植草さんも含めて世間で曲解というか、あえて積極的に誤解されるように仕向けられているところがあると考えています。

特に源泉徴収と年末調整のコンビネーションで成るサラリーマン税制の歴史を辿った場合に、日本の所得税の原型は一九四七年の所得税法で作られたんですが、原則は申告納税なわけです。サラリーマン税制というのは基本的に申告納税制度の例外なんです。これは完全に納税者の権利を奪っている。だから僕は現行のサラリーマン税制が前提になるのはおかしいと思う。むしろサラリーマン税制を解体して、みんなが申告納税できるようにするのが本当ではないかと思うのです。

それと年金の問題。これはサラリーマンじゃないと圧倒的に損なんです。サラリーマンの妻である専業主婦は第三号被保険者で、年金保険料は納めなくてもよいのでしたよね。だけど自営業者の主婦は家の収入から支払わなければいけない。何より勤務先の補助というのがないから、サラリーマン並みに受け取ろうと思えば二重に払わなければいけない。老齢基礎年金と国民年金基金ですか。これは明らかに不公平です。

制度そのものが根幹からおかしいんです。僕の親父は零細な鉄屑商でしたが、自営業者の子って全部そういうことを知っているんです。こんなふざけた制度はない、実際に俺の親が酷い目にあわされたじゃないかと。

うちの親父が――その頃年金を六〇歳でも受け取ることができたんです――六〇歳になったとき、役所に行ったら、六五歳からにしといた方が一回あたりの受取額が大きくなるので得ですよと言われて、お人好しだもんだから、あ、そうですかって帰ってきちゃったんですよ。そしたら六六で死んじゃったんですよ。あれって基本的に博打ですよね。長生きすればいいけど、早く死ぬと何にもならない。だからそれを社会保険の枠組みでやるということ自体にものすごい無理があると思うんだけれども……。そこのところがね、僕は、意図的にクロヨン論なんかで分断されているところがあると思うのですが。

消費税もそうなんですが、中小零細企業の場合、実際は価格に転嫁できない、自腹を切るといった大問題があるわけです。これ以上に税率を引き上げられたら中小零細の企業や自営業はみんな潰れます。フリージャーナリストという名の自営業者である僕自身の死活問題でもありますが、そういうわけで僕は機会のあるごとに、日本経済の全体が大変なことになりますよって言っている。すると必ず返ってくるのは、自営業は全員脱税してるんだろ、さっさと死ねっていう反応。これが圧倒的に多いんですよ。お上の思う壺です。ほんとに財務省って長いことかけてそういう分断をしてきたんだなと思います。

二つの年金収支試算表

植草　いまお話をうかがって非常に参考になりました。もともとアメリカなどでは全員申告納税ですよね。申告納税こそが納税意識を高め、税の使われ方に対する関心を高めるのに大きな役割を果たせるものですね。天引きという制度そのものが重大な問題で、これを廃止するというこことになるとクロヨンなどの問題は、状況がガラッと変わります。斎藤さんのおっしゃる通り、全員天引きの源泉徴収制度をやめて、基本的に全員申告納税制度に変えることを出発点にして正しい制度を考えるというのが、本来の正しいものの考え方だと思いました。

年金の問題に関して、『消費増税亡国論』（飛鳥新社、二〇一二年）に書いたのですが、政府から出てきた二つの年齢階層別年金収支試算というのがあります。一つは二〇〇四年に厚労省が出した試算です。それによれば、払う保険料ともらう給付額を比較すると、全員二倍以上もらえる。お年寄りなんか八倍なんていう世代の人もいる。この試算は年金未納問題が表面化したころに政府が出したものです。「年金制度はこんなに得なので入ってください」というものでした。

ところが、今年二〇一二年一月に出てきた年金収支試算は全く正反対の結果を示しています。納めた保険料よりももらえる給付額の方が少なくなるというものです。この七不思議のような二つの試算結果にはカラクリがあります。〇四年の試算表では、支払い保険料に会社負担が入ってない。一二年試算には入っているのです。ここでまず二倍の差が出ます。厚生年金保険料は本人と会社が半分ずつ負担するからです。一二年試算は、会社負担を支払い保険料に入れて計算しているので、一九六〇年生まれ以降の人は皆、年金収支がマイナスになるとの衝撃的な結果が示されました。現行の年金制度はこんなに損になりますよというものです。この試算が発表された目的は、若い人は大損になる年金制度なので、若い世代の人々の損失を軽減するために、老人も負担しなければならない消費税を増税しましょうというものなのです。

個人名での論文形式をとってはいますが、政府機関がこの試算を発表したことで、もう私は年金保険料を払わない、年金制度から脱退するという個人が激増しても、政府は抵抗できないでしょうね。日本国憲法は財産権を保障していますから、入れば損になると政府が発表した年金制度を脱退したいという個人の行動を取り締まることはできないはずです。先ほど年金は博打という話がありましたけれど、いま申し上げた数理計算での収支は、あくまでも平均余命を生きた場合の計算です。ですから、早死にしそうな人は入らなくなるということも考えられる（笑）。

斎藤　そうそう。若くても医者に長く生きられませんよと言われている人からも取るのかっていうのがありますね。年金保険は国民健康保険のように年齢制限なしで保険金が支払われる仕組みではありませんから。

植草　この話が進むと、こんどは保険の機能が果たされなくなってきます。いわゆる、リスク細分型保険制度の問題が生まれます。アメリカなどでは自動車の損害保険の保険料率が事故発生率の高いエリアとか低いエリアとで異なるなどのシステムが取り入れられています。これが際限なく進んでゆくと、それぞれの個人が事故処理を行う、それぞれの個人が老後の生活資金について責任を負うということになってゆきます。つまり、保険制度をなくしてしまうという話につながります。

話が少し横道に入りましたが、いまある天引きという仕組み、源泉徴収制度自体が、憲法解釈などを踏まえて見直されるべきですね。

財務省って謀略組織？

斎藤　財政危機論についてですが。消費税増税反対ってやると必ず、じゃあ財政財源をどうするんだという反論が返ってくる。財政危機というのは財務省がそうアナウンスしているだけのストーリーなのに、どうしてそんなのが問答無用の大前提になるのか。お前は少なくとも素人で何も知らないくせに、何でそんなに無条件に信じ込んでいるんだと僕は思う。

二〇〇〇年いっぱいぐらいまで政府税調会長を務められていた加藤寛さんという方がいます。カトカン先生ですね。彼はずっと消費税増税論者で、僕と考え方が正反対なんだけど、どういうわけか仲よくしていただいていて、お会いするといろんな秘話を教えてくれる。

それでカトカン先生が言うには、要するに財政危機という話そのものが嘘だと。まず一つは、一千兆円ぐらいの赤字って言うけど、そのうちの半分ぐらいは資産になっている。だからそれは、赤字と違う。残りについても、赤字はもちろんあるんだけれども、危機というほどじゃないとおっしゃるんですね。それで、会長を辞める花道の答申で、消費税増税を訴えたい、ついては従来言っていたような直間比率の是正ということで書きたいんだがどうかね、と財務省の官僚に伝えたら、

「いや、先生それは止めてください」

「なぜかね、君もそう言っていたじゃないか」とカトカン先生が返したら、「そういう難しいことを言っても、どうせ国民はわからない。だから先生、ここは財政危機ということにさせてください」。

「財政危機って、それは君、嘘じゃないか」

「ハイ、嘘です。しかしそう言えば国民は納得します」

こういうやりとりがあったと言うんですよ。僕自身が先生ご本人から聞いたし、新聞にもいくつか加藤さんは書いているんです。だけどこれほど重大な証言が、今の消費税増税論議では完全に黙殺されている。

カトカンさんの言うことが一〇〇%正しい保証はもちろんないけれども、でもそういうポジションにあり、かつ増税論者だった人が言うことが全く顧みられないというのはあんまりだと思うんです。

で、こうした話も含めて植草さんの話をうかがっていると、財務省というのはほとんど謀略機関ですね(笑)。およそ幼稚な支配欲とヒロイズムで他人の人生を差配したがる。百害あって一理もないんじゃないか。

植草 そうです。まあ財務省というのは日本で五本の指に入る営利性の強い企業だと私は思いますね（笑）。私の二年間の在職中にＴＰＲという情報統制プロジェクトが始まりました。

斎藤　ＴＰＲ？

植草　タックス（税金）のＰＲということでＴＰＲと名付けられました。一九八五年に始まりました。

斎藤　消費税導入のためのものですか。あ、八五年だったらその前段だった売上税か。

財務省にとって「損か得か」が基準

植草　ＴＰＲは、売上税というのを中曽根康弘政権が考え始めた時に、大蔵省の中にできました。売上税を正式に提案するかなり前に事務局が発足しました。長富祐一郎という方が財政金融研究所の次長に就任して始めたプロジェクトです。プロジェクトが最初に取り組んだのは、政界、財界、学会三千人のリストを作り、全員に売上税導入賛成を強要することでした。

斎藤　長富さん……。大蔵省の記者クラブ「財政研究会」では何かと有名な方でしたね。

植草　また、「ＴＰＲウィークリー」という名の資料を毎週作って、テレビ、新聞、雑誌などでの売上税に関する発言を逐一リストアップしました。問題発言をすべて潰しに行くための基礎資料です。大手マスコミ幹部を集めて、築地の「吉兆」などでの高額接待も行われました。この事務局の私の上司は有能な方でしたが、本音をそのまま言葉にするタイプの人でした。

この方は大蔵省のことをいつも「我が社」と表現し、すべての問題を、「我が社にとって得か損か」との基準で判断していました。この方の判断方法は、大蔵省全体の思考方法を代表するものであったと思います。このTPR活動の効果もあり、その後、八九年に消費税が導入されました。この増税に貢献したと認められた関係部署の責任者は、すべて、論功行賞人事にあやかりました。大蔵省において増税実現は、常に最高の勤務評定を与える理由になります。

日本のためとか、国民のためということではまったくありません。増税とは彼らにとって、自分たちの収入を意味します。権力の源泉、利権の源泉なのです。収入の増加は予算配分権の増加を意味します。天下り利権を拡張できる財源を意味します。その意味で彼らは増税を重視するわけです。

そんな馬鹿なと思われる方が多いと思いますが、これは誇張でも何でもありません。大蔵省、いまの財務省の役人は、財務省の利益、権益の拡大のために死力を尽くしているのです。国民のための増税ではなく、彼らのための増税なのです。増税を実現するにはどうしたらいいか。増税実現は現実の政治過程のなかで何よりも難しい課題です。タイミングをはかり、理論武装し、様々な裏工作を実行して彼らは増税実現に向けて邁進します。

先ほども述べましたが、この視点から見て、二〇一〇年から二〇一三年の「空白の三年」は絶対的な狙い目であったのだと思います。そこに、欧州政府債務危機が発生したことは、財務省にとって、まさに渡りに船だったと思います。

二〇〇七年の日本の財政赤字というのは、国債発行額でいうと二五・四兆円なんです。小泉政権時代後半に国債発行額は三五兆円からから二五兆にまで減りました。緩やかに景気が回復したことにより、法人税を中心に税収が増えたことが最大の理由です。この二〇〇七年度の国債発行額は二五兆円でしたが、他方、日本の予算の支出には、債務償還費が入っています。国債整理基金に国債償還財源を繰り入れるというものです。国債費というのは利払いと債務償還費に分けられるのですが、二〇〇七年度には債務償還費が一四・四兆円支払われました。

つまり、二〇〇七年度、日本政府は二五兆円の借金をしましたが、一四兆円借金を返したのです。ですから、借金を増やした金額は一一兆円ということになります。海外では通常、財政赤字をこのように計算します。つまり二〇〇七年度の財政赤字は一一兆円だったということです。日本のＧＤＰが約五〇〇兆円ですので、一一兆円の財政赤字はＧＤＰ比で約二％です。ヨーロッパでユーロに加入する条件とされたマーストリヒト条約における財政赤字基準はＧＤＰ比三％以内ですので、日本の二〇〇七年度財政赤字はヨーロッパの財政健全化基準を満たしていたとも言えます。正確に言うと、ＯＥＣＤの国民経済計算基準での一般政府の財政赤字が問題になるのですが、二〇〇七年度の日本の財政赤字はこの基準でもGDP比三%以下にとどまっていました。

経済学を無視した財政再建手順

植草　ところが二〇〇七年の二五兆の赤字が二〇〇九年に五〇兆になりました。五〇兆の赤字を計上したとき、この赤字は税収を上回りました。これは尋常なことではなく、常識的判断に照らして「財政危機」と表現しても間違いではないと思います。ただ重要なことは、この赤字拡大は二〇〇七年から二〇〇九年にかけての急激な経済停滞によってもたらされたものだということです。この期間に、リーマンショックに代表されるサブプライム金融危機が発生しました。これをFRB前議長のグリーンスパンは「一〇〇年に一度の金融津波」と表現しました。つまり、二〇〇九年から二〇一二年にかけて発生している財政赤字の大半はいわゆる「循環赤字」と呼ばれるものなのです。

少し専門的な話になりますが、財政構造改革というのは、「構造的な」財政赤字を削減するというものなのです。財政赤字は赤字が生まれる原因により、「循環赤字」と「構造赤字」に分類することができます。「循環赤字」というのは、不況によって発生する赤字です。不況になると税収が減り、失業給付などが増えます。このために財政赤字が拡大します。

これに対して、「構造赤字」というのは、好景気下で残存している財政赤字のことです。「構造赤字」をなくすには、増税などの「構造的な」対策が必要になるわけです。

二〇〇九年から二〇一二年に発生している財政赤字の大半は「循環赤字」です。この「循環赤字」を削減するために、増税という「構造的な」政策を打つこと自体が誤りだということになります。

また、不況になると税収が減るなどの理由で赤字が拡大しますが、この財政赤字の拡大によって、実は景気が下支えされます。これを財政の景気自動調整機能＝ビルトイン・スタビライザーと呼びます。不況の時に財政赤字が増えるのは、言わば「必要悪」で、この局面で増税などの「構造改革策」を打つと、景気をさらに悪化させ、減らしたはずの財政赤字をさらに拡大させるという、最悪の結果がもたらされます。一九九七―九八年度、二〇〇〇―〇三年度の財政赤字拡大は、まさにこの失敗事例です。

財政再建を実現するためには、構造赤字と循環赤字を明確に区別して、適切な手順で対応することが絶対に必要なのです。具体的には、まず景気回復によって循環赤字をなくす。そして、景気回復を実現させたうえで、無駄な支出カットや増税などで構造赤字を削減する。この手順を確実に守ることが鉄則なのです。

アメリカでは一九九三年から二〇〇〇年にクリントン政権が、三〇兆円の財政赤字を二〇兆円の黒字に転換させました。これを実現した際にアメリカが実行した手法とは、まず景気回復を優先して循環的な赤字を減らし、景気がよくなった後で構造的な財政赤字削減政策を実行したというものです。

少し込み入っていて分かりにくい部分があると思うのですが、こうした経済学的に正しい手順を踏んで対応しなければ、大きな成果をあげることは難しいと思います。日本では、同じ失敗が何度も繰り返され、そして、いま、また繰り返されようとしています。

その大きな理由としてあげられることは、大蔵省＝財務省の実権を東大法学部出身者が握っていることだと思います。法学部出身者は国家公務員試験の行政職か法律職での採用枠で採用されて公務員になります。彼らは経済学の専門家ではなく、机の上で財政赤字を減らした予算書を作ると、そのまま財政赤字は減るものだと勘違いする人々なのです。経済は生きものですが、法学部的思考では、このような融通無碍な現実を理解しがたいのだと思います。特に東大法学部出身者の多くは天動説的行動様式を取ります。財政赤字が減る予算を書いて現実に赤字が増えたとき、彼らは予算を書いた自分が間違ったのではなく、財政赤字を増やした現実が間違ったのだと考えがちなのです。

「竹中さん」と一緒に仕事をしたころ

斎藤　植草さん、大蔵省に行かれたのはいつ頃ですか。

植草　一九八三年に野村総合研究所に入り、八五年から八七年まで大蔵省財政金融研究所で働きました。

斎藤　それは出向だったんですか。

植草　実体としてはそうです。ただし、身分上は会社を退職して国家公務員に採用され、公務員として勤務しました。

斎藤　実質的には野村の命令で行っているわけですか。

植草　そうです。これは「天下り」に対して、「天上がり」と呼ばれていました（笑）。

斎藤　天下りならぬ天上りね。よく言いますよね。竹中平蔵さんもそうでしたよね、たしか。

植草　私は二年間まるまる竹中さんと同じ部署にいました。

斎藤　あ、そうなんですか。彼が日本開発銀行の設備投資研究所から出たときに一緒だったんですか？

植草　竹中さんは五年いたんです。その五年のなかのまる二年間が、私と重なった期間です。

斎藤　植草さんは面白いこと書いてますよね。消費税増税を正当化するためのデータを作らされたとか……。

植草　政府の税制改革が日本経済に与える影響試算を仕事としてやらされました。驚くべきことは、試算をする前に、経済成長率も個人消費も設備投資も住宅投資も全部プラスになる結論を示すことが命じられたことです（笑）。

斎藤　できちゃうわけですか。プラスにもマイナスにも。

植草　マクロモデルを使うシミュレーションでは、基本的にどのようなものでも作れます。ただし、かなりいかがわしいダミー変数などを使うことにはなります。試算結果を大蔵省が出したのでは信用されないということで、それを経済企画庁から発表させるための工作活動も行われました。経済企画庁の主要ポストは大蔵省の出向職員が押さえていました。経企庁官房長も大蔵省ポストです。また、調整局財政金融課長という、政府経済見通しなどを決める要《かなめ》のポストも大蔵省が押さえているのです。これらの大蔵省職員がいわばスパイとして経企庁で動くわけです。彼らから大蔵省に「コピー厳禁」の印が付いたメモが届けられ、これを大蔵省内の関係部署に配布して、情報をやりとりするわけです。

斎藤　経企庁っていうのは、じゃあ実際は大蔵省の天領みたいなところなんですね。

植草　そうです。当時の通産省も一部を植民地化していましたが、最大の宗主国は大蔵省でした。

斎藤　ええ。よく経企庁の官庁エコノミストなんていうとすごく立派な人みたいに言われてましたよね。僕もかけだしの頃には結構あこがれた。

植草　経企庁でエコノミストになる人はプロパーの職員です。彼らは経済の専門家で調査局や経済研究所での勤務を重ねてエコノミストになります。経済白書を書くのは調査局ですので、エコノミストになる登竜門は調査局の国内第一課長ということになっていました。ただ、政治的に、あるいは霞が関的基準で重要な部署は調整局で、この調整局財政金融課長、事務方のナンバーツーにあたる官房長ポストは大蔵省が握っていたわけです。エコノミストを目指すプロパー職員が目指す地位は、調査局国内第一課長、調査局長、経済研究所長、中期計画局長といったところになりますが、これらは、基本的に専門職であり、いわゆる霞が関官僚機構の利権構造とはあまり縁が深くありません。経企庁事務次官に就任するプロパー職員のなかには、いわゆる優れたエコノミストも存在してきました。

他方、事務方ナンバーツーの経企庁官房長は大蔵省のトップエリートで次官コースに乗っている人物ですので、いわゆる官庁エコノミストとはまったく別の人種になります。

斎藤　その数字を大蔵省が発表しても信用されないから、経企庁に発表させると……。

植草　税制改革の中期の影響試算ということになると、経企庁の中期計画局や経済研究所が関わってきます。これらの部署は、当然、自分たちで試算をしたいとの意向を持ちますので、それを大蔵省出向者が強引に調整して、結局、大蔵省が持ち込んだものを彼らに発表させることになるわけです。そのためにさまざまな工作活動が展開され、経企庁に派遣されたスパイと大蔵省本省との間で機密文書のやり取りが行われるわけです。

斎藤　そのときもそれをやっていたわけですか。

植草　ええ。それで、当時、近藤鉄雄という人が長官だったのですが、大蔵省から派遣された財金課長や、官房長から、「長官がギャーギャー言ってるので上から水を掛けている」などの言葉が記されたメモが大蔵省に送られてきていました。

このような機密書類が束ねられたファイルの一冊で、大蔵省大臣官房調査企画課が補完していたものが共産党に渡ったことがありました。国会で質問されることになり、大騒ぎになりました。ただ、メディアがほとんど取り上げなかったこともあり、二、三日で沈静化してしまいました。

「TPR」三千人のリスト

斎藤　TPRの作成したというリストってどんなものだったんですか。

植草　その事務局は財政金融研究所研究部に置かれました。三千人のリストはB4用紙で作成され、分厚い電話帳のような形状になりました。B4横の左に名前が並び、各人の右に一列マスが並びます。そのマスのなかに、何月何日誰が説得したか、説得成功にはマル、説得失敗には×がつき、×の人物には一階級上の職員が対応する。このリストが毎日徹夜で更新されたわけです。×のついた人物には次から次へと職員が派遣されます。最近まで岩手県の副知事をしていた人などがその電話帳更新作業を担当していました。

私と私の上司の二人には、先ほど述べた税制改革の経済効果試算でっちあげの仕事が命じられました。こちらも徹夜の作業を続けて、答えを出しました。

しかしながら、この売上税を提案した中曽根政権は最後に提案撤回に追い込まれました。総選挙の前に、いわゆる投網を掛けるような税は導入しないと国会で答弁したことが最大の理由でした。総選挙では圧勝しましたが、国会答弁の責任を取らされたわけです。

斎藤　ええ。「私が嘘をつく顔に見えますか」とやった。嘘つき以外の何者にも見えないよと、僕は思ったけど。

植草　それが一番の問題で潰れたのですが、もう一つ大きな要因がありました。

それは「政策構想フォーラム」という学者が作るシンクタンクが発表した税制改革の所得階層別負担増減試算が社会的に大きな影響を与えたことでした。税制改革案は売上税を導入する代わりに、所得税、法人税などを減税するというものでした。増税額と減税額が同額で、「レベニューニュートラル」の前提が置かれました。政策構想フォーラムの試算では、所得税減税と売上税導入の影響を所得階層別に試算したものでしたが、中間所得者層以上の国民は増税になるとの結果が示されました。

これを朝日新聞が極めて大きく報じ、反対論が勢いづきました。試算を発表した主査は阪大教授の本間正明さんでした。売上税構想が挫折して、財金研次長の長富さんが、「本間を取り込め」との方針を出しました。その結果、本間さんが特別研究官として大蔵省から招聘を受け、八七年から大蔵省の財政金融研究所に勤務することになりました。しばらくしたころ、本間さんに会うと、「僕はいま、財政審と政府税調と資金運用審議会の委員をしているんだ」ととてもうれしそうに語ったのをよく覚えています。これを大蔵省内部では「毒まんじゅう作戦」と呼んでいました。そしてついに二〇〇六年末、本間さんは、ほんの一ヶ月ほどでしたが政府税制調査会会長に就任したわけです。

斎藤　あ～あ……。説得する側には武器がいくらでもありますものね。だけど二〇〇三年から貸してもらっていた東京・原宿の国家公務員の家賃がべらぼうに安かったこととか、公私を混同した女性スキャンダルが表沙汰にされ辞任に追い込まれちゃったんですよね。つけ上がりすぎたのと、もう用済みだってことだったのか。なんだかあわれですね。

植草　石弘光さんなども典型的なケースですが、大蔵省に取り入れれば、必ず大学でも出世します。副学長や学長になれる。

大蔵省には泣く子も黙る予算配分権がある。大蔵省をバックに持てば、大学内での発言権が格段に上昇する。これがポイントです。大学によって学長選出方法が異なるので、すべての大学で通用することではありませんが、大半の国立大学では極めて大きな力を発揮します。

斎藤　何でもできるんだ。さっきの軽減税率の話でも、財務省は最終的にそれでもいいと思っているんじゃないかと思うんですが。要するにそれをやったら日本中の会社に天下れるでしょう。逆らったら、「じゃあお前のところ軽減税率とりやめね」って言えばいい。

植草　おっしゃる通りだと思います。軽減税率を財務省はのどから手が出るほど望んでいることでしょう。ただし、二〇一四年四月では準備期間が短すぎるのでしょう。持株会社の独禁法改定のときも、公認会計士協会や税理士協会などが反対したのは、持株会社が認められれば決算業務の仕事が激減してしまうことを恐れたためです。連結納税も反対論が強かったのは、やはり税理士の仕事が減るということでした。税務署職員は長期間勤務すると税理士になれます。税理士業界は財務省・国税庁と一心同体の存在なわけです。税理士業界の利害得失から連結納税を認められない、との意見が強かったのでした。

先ほどの長富さんは研究情報基金という外郭団体を作り、事務次官経験者の本格的天下りまでの羽根休め場所を創出しました。銀行・証券・保険業界の企業に一社年間三〇〇万円のお金を出させました。上納金です。――発足当初は三〇社で年間一億円の資金が吸い上げられました。オフィスは生保と信託銀行に提供させ、スタッフも金融業界企業に提供させました。何人かの役人の子弟がアルバイトや研究員として雇用されました。変動費、固定費がほとんどゼロなので、一億円の資金はまるまる小遣いのように使えたわけです。これを使って大蔵省職員が二ヶ月に一度、二週間の海外旅行を繰り返しました。旅行から帰ると次の旅行が計画されます。旅行期間中のすべての食事接待が金融業界企業に割り振られました。断ることなど不可能です。金融機関はありがたく接待させていただくとの姿勢を取りました。

この海外旅行に随行で行かせてもらっていたのが竹中さんです。この旅行で、竹中さんの海外ネットワークが作られたわけです。

斎藤　その三〇〇人はみんな最後はイエスと言ったんですか。

植草　言わない人はブラックリストに載って……ごく少数だと思いますけど。

斎藤　例えばどんな人が。

植草　本間さんなどはブラックリストの筆頭株の一人だったと思います。

斎藤　それをひっくり返したわけですね。

植草　そのようなとき、大蔵省は攻撃するより取り込むのです。ほかにはあまりいなかったのではないですか、強く抵抗した人は。大蔵省の役人が何度も訪問してきても反対を貫く度胸を持った人は少ないでしょう。

ライフコーポレーションの清水信次会長は反対派の急先鋒でしたが、消費税導入の時はあまり強く反対しなかったような記憶があります。

消費増税を持ち上げる人々

斎藤　民商などが消費税反対のグループ作って、清水さんにも名前を出してくれと頼んでも、「うちは中小じゃないから」って言われるんだそうです（笑）。断るにしても違う言い方があるだろうって思います。あの人なんか相当微妙なところだったのかもしれませんね。

植草　ええ。今回の増税では「消費税を考える国民会議」代表を務められて反対意見を表明されましたが、先日のＢＳフジの番組では、増税容認と受け取れる発言をしていたので、どういうことかなと不思議に思いました。

だからあとは、そうですね、非常に少なかったと思いますね、本格的に反対している人は。本間さんは当初強い反対派でしたが、あっという間にミスター大蔵省のように変貌されましたね。それと関係があるのかどうか分かりませんが、阪大の副学長にもなられました。

斎藤　大蔵省に近くなると学内で出世する。慶応の土居丈朗さんとかもそうなのかな。

植草　土居さんにはびっくりしました。ＮＨＫのサイトに経済解説のページがあるのですが、

「消費税を上げるとそのぶん物価が上がり、これでデフレが緩和される」と解説しているのです。土居さんは本当に経済学者なのでしょうか。

インフレ、デフレというのは、時間経過に対する物価変動のスピードを指す指標です。消費増税で価格が上がるのは、制度変更に伴う一回限りの減少で、時間に対する物価水準のグラフの傾きが変わるわけではありません。価格水準が増税時に上昇するだけで、物価変動のスピードが変わるわけではない。これをデフレが緩和されるとは言いません。このような初歩的な誤りがＮＨＫの解説ページに掲載されていたわけです。

テレビに出ると、あからさまに権力に迎合した発言を示されることと合わせて、とても残念に思います。

斎藤　たしかにインフレを作るためにも消費税増税と言う人が少なくありませんね。

植草　これは大間違いです。基礎的な間違いですね。物価がその分上がるというのは正しいですが、インフレ率というのは時間と物価水準のグラフの傾きを指すので、増税時の物価のジャンプとはまったく違うものです。ある瞬間に物価水準が変わるだけでインフレではありません。

斎藤　東大の井堀利宏さんも酷いことを言っていましたね。一度インターネットテレビで僕が司会みたいな形でお話をうかがったんだけど、要するに、今回も消費税を一度八％にして一〇％にするっていうでしょう。あんな具合に、段階的に引き上げていけば常に駆け込み需要が期待できると。だからこれは最高の景気対策だと（笑）。およそ人間をナメきった、そんなデタラメな理屈があるかと思います。

植草　消費税を上げるときの方法として、一年で一％ずつ上げるというのは、選択肢のひとつではあると思います。一度に五％あげれば一三兆の負担増になりますので、企業も個人も耐えられない。

九七年度に橋本政権が増税で景気を潰したのは、経済に一度に巨大な負荷をかけたためです。消費税二％引上げは五兆円の負担増でしたが、これに加えて所得税増税を二兆円、社会保険料負担の増加が二兆円、公共事業の削減を四兆円実施しました。合計で一三兆もの血液を、一気に経済から抜き取ったわけです。そのために日本経済が破壊された。私はこのときに、消費税を上げるなら他の負担増をやめるべきだと言いました。また、消費税率は九七年に一％、九八年に一％の二度に分けて上げるべきだと提案しました。
今回の税率引上げは二段階合わせると五％で、一三兆円分になりますね。九七年と同じだけ血を抜き取ることになりますから、特段の警戒が必要です。……病気で手術するときに、輸血も麻酔も点滴もなしにメスを入れるのなら、これ手術というより殺人です。手術をするにはまず健康診断をし、輸血、点滴、麻酔をして、なおかつ慎重にメスを入れるべきです。

斎藤　なるほど。血を抜き取るというのは見事な表現ですね。
ところで、日本の消費増税に対するアメリカの態度というのはどう見たらいいですか。

消費増税、アメリカはどう見ている

植草　最近、孫埼亨さんが『戦後史の正体』（創元社、二〇一二年）という本を出された。パイロット版を私のところにも送ってくださって読みましたが、私の理解と重なる部分が非常に多いです。戦後一貫してアメリカは日本支配を続けてきました。終戦直後の占領政策は徹底した民主化路線でしたが、冷戦勃発を反映して大転換し、占領政策は民主化から反共の防波堤化に激変しました。片山内閣、芦田内閣など、民主化の息吹は消し去られ、第二次吉田茂内閣樹立以来、アメリカに従属する政権が続いてきました。その中にあって、対米隷属に抵抗し、日本の自主独立を重んじようとした宰相が鳩山一郎であり、石橋湛山であり、田中角栄であり、鳩山由紀夫であったのだと思います。

斎藤　彼らはことごとく潰されました。

植草　孫崎さんの著書では、岸信介が対米隷属に見えながら、日本の自主性を主張しようとして潰されたと書かれています。この点は興味深いです。

アメリカにとっての日本に対する関心というのはいくつかに限定されると思います。第一はアメリカは自ら望むだけの軍隊を、自らの望む場所に、自ら望む期間、日本の領土を占領することを認めさせること、第二は、日本政府がアメリカに対し基本的に従う、逆らわないということです。

第三に、お金の面でもアメリカが日本に対して求めるところは大きいと思います。これは石橋湛山が蔵相のときから問題になっています。アメリカはガリオアエロアなどの資金援助をしたと言いますが、日本が行った米軍への基地負担金額などは、それをはるかに上回っています。また、日本はアメリカ国債を一・三兆ドルも買わされて、それを売ることすら許されていません。アメリカはこれを売らせないと圧力をかけているのが現状で、返してもらえないお金なので、米国にあげたも同然です。

アメリカの関心は、日本がアメリカに上納金を納めるのかどうかであって、それが民主的であるとか、経済合理性がある、あるいは正当であるかどうかなどはどうでもよいのだと思います。これはアメリカ特有のダブル・スタンダードです。アメリカ国内では、民主性、合理性、正当性などが問題にされますが、他国のことであれば、そんなことは関係ない。アメリカは日本からの上納金が必要なので、財務省が進めている増税路線を後押しするわけなのだと思います。

斎藤 手段はどうあれ、日本が税金を増やすのはアメリカにとっていいことだというわけですね。

植草 そうです。アメリカはアメリカに対する上納金の財源が涸渇するのを恐れて、日本の増税を後押ししているのだと思いますね。これは官僚機構が、官僚利権の財源が枯渇することをおそれて増税に走るのと一緒です。

竹中の消費増税反対の意味？

斎藤 竹中さんやバリバリの新自由主義経済学者・八田達夫さんが消費税増税に反対みたいな

ことをときどき言いますが、あれはどうしてですか。

植草　竹中さんは、二〇〇一年にスタートした小泉政権の発足当初、「いまの痛みに耐え、より良い明日を」という政策に同調しました。私は、二〇〇一年の状況下で緊縮財政に進めば、経済が悪化して財政赤字は増えると反論しました。現実に二〇〇三年にかけて経済は悪化して財政収支も悪化しました。

二〇〇三年以降の小泉政権後期になって、竹中さんは宗旨替えをしました。経済成長を誘導することで税収が確保される、財政再建にはこちらのほうが大事だと言い始めました。いわゆる、「転向」ですね。竹中さんが宗旨替えで私の側に来たわけです。私としては困惑しましたが、誤りを正したわけで、これを諒としました（笑）。竹中さんは「転向」後、その論を自民党内いわゆる小泉・竹中改革の流れを汲む一派である中川秀直さんや菅義偉さんらの、いわゆる「上げ潮派」と呼ばれる人たちと共有することになりました。このことを背景に、彼らはいまの消費増税に手順として反対の意見を示しています。

斎藤　手順というのはシロアリ退治が先だという意味ですか?

植草　そういう手順ではなく、経済成長を誘導して税収を確保するのが先だという考え方です。増税によって経済を潰すと、税収が減ることを、二〇〇一年から二〇〇三年の失敗から学習したのだと思います。

斎藤　その辺のところだけは、植草さんの言っていたことを認めた、と。シロアリたちは、むしろ竹中さんのお仲間かな。

植草　そうですね。竹中さんの主張は二〇〇一年と二〇〇三年以降で完全に転換したわけですが、自分の誤りを認めて私の主張に帰依したと言ってよいと思います。

斎藤　へえ。消費税というと、どうしてもヨーロッパの福祉社会との関係で論じられることが多いんですが、少なくともいまの日本での増税というのはまさに新自由主義というか、格差拡大をもたらすだけの結果しかもたらさないと僕は考えているんです。その都度アメリカでさえ過去何度か日本の消費税をお手本にした付加価値税を導入しようとしたんですが、アメリカの財務省が反対して潰れました。その報告書も僕は持っていますが、その趣旨は不公平だからっていうことです。ウルトラ格差社会のアメリカに不公平だっていわれる税制って何なんだろうと思うんだけど（笑）。

竹中さんやその八田さんたちの心理を忖度すると、結局、ただでさえこんな格差社会になっちゃっていて、消費税増税やったらもう社会が成立しないと、そういうことなんじゃないかと思ったんですが。

植草　ちょっと確認したいのですが、消費税に反対している人が自由主義的な傾向を持っていると言われているのですか、日本で?

斎藤　そういうケースも散見されます。アメリカでは不公平だからということで財務省が反対して潰れた。ブッシュやレーガンのやりたいようにはならなかった。

植草　どっちに不公平っていうことですか？

斎藤　いわゆる弱者に厳しいということです。ですからアメリカには、小売段階の売上税のある州はあっても、合衆国としての付加価値税というのは存在しないんですよ。

植草　一般的に小泉・竹中路線というのは弱肉強食路線で、弱い者は死ねという政策であると理解されています。

斎藤　そう。そうなんだけど、さすがにここまでやると彼らも「ヤバイ」という心理になったのかと想像します。

いくらなんでもそこまで徹底して差別されたら、どんな人でも暴れます。社会の秩序がぶっ壊れてしまうと思うのでしょう。あくまでも統治する側のロジックですが。

植草　なるほど。先ほども少し触れましたが、日本の経済状況が大きく変化したと思うんです。いわゆる一億総中流と呼ばれた、非常に幅の広い中間層が存在していた状況から、世界でもかなり先頭を行く格差社会に移行しました。その中での経済政策ということなので、例えば総中流の状況の中での消費税はさほど深刻な状況を生まないかもしれませんが、格差の時代の中での消費税は格差の問題をより広げるという問題が出てきます。この意味では、もし小泉・竹中派の人がその発想を持つように至ったのなら、歓迎すべき進歩なのかも知れません（笑）。

斎藤　ほんとに性善説だよなと我ながら思うんですが（笑）。

植草　いまの日本の状況で経済政策を考える場合、成長と分配という二つの政策課題において、成長がまったく実現せずに、むしろ経済が縮小する一方、格差が著しく拡大しているなかで、財政支出の財源を調達しなければならないとすれば、やはり安易に消費税に頼ることは極めて危険だと思います。

かつて直間比率の是正といわれましたが、いま間接税の比率は飛躍的に高まりつつあります。そのなかでさらに逆進性の税制を強化すれば、年収が二〇〇万に満たない一〇〇〇万人を超える層に対する対策はますます不十分になり、さらに問題が深刻化します。

今回、低所得者対策として給付付き税額控除制度が提案され、修正協議でも一つの論点になりました。しかし、結局は先送りされ、この制度の導入ではなく、上から目線の、救貧政策的な色彩の強い給付金の仕組みが実行されようとしています。いわゆる貧しい者に恵んでやるという発想に基づく施策です。二重の意味で問題だと思います。

マイナンバーと国権重視のＤＮＡ

斎藤　給付付き税額控除を仮りにやろうとする場合、マイナンバー（社会保障・税番号制度）が前提だと言われています。これは、国民生活を支える社会的基盤になるんだと。僕はそれがどうしても納得できない。もしそういう給付付き税額控除の制度ができたとしても、どうしてマイナンバーが必要なんですか。所得が低くて、自分はこの制度の対象者だと思ったら、納税証明をもらってきて提出すればいいだけの話です。だからこの話、ただただ国民総背番号にしたいだけだと断言できますね。

植草　検察が捜査報告書を捏造する国ですから、マイナンバーが導入されれば、悪用されることは目に見えています。

斎藤　このあいだ捕まったオウム事件の被疑者である高橋克也などの場合を見ていると、いわゆる防犯カメラってすごいですよね。誰もが撮られている。国民もみんなケータイで写真撮って、ツイッターで送りまくるわけでしょう。一億総公安警察ってことですか。

植草　逆に、二〇〇四年にいわゆる「手鏡事件」で私が冤罪逮捕されたときなどは、「現場」とされた品川駅高輪口エスカレータの上下に四つの防犯カメラが存在し、犯行現場とされる箇所を防犯カメラが完全に捉えていました。私は無実を証明するために、その防犯カメラ映像を提示することを要求し続けましたが、犯罪を立証する立場にある警察が、その防犯カメラ映像を隠滅して、最後まで裁判に出さなかった。私の無実を証明する動かぬ証拠であったことから、警察が証拠隠滅を図ったのだと思います。

斎藤　そこが、僕が植草さんを信じている最大の根拠なんだけど、都合が悪いときは警察は出さないんですよ。何が防犯カメラですか。国民の一人ひとりを、というかお上が気に入らない人間の行動をいちいち見張りたいだけじゃないですか。僕らはきちんと正確に、嘘でしかない目的モドキではなく、カメラの機能そのものを表現した、監視カメラと呼ばなきゃいけない。冤罪事件のほとんどが警察・検察の証拠隠しでしょ。監視カメラだって、自分たちのやりたいことを正当化したいときだけ使うんです。

この監視社会論に対する批判として、悪いことしてなきゃ問題ないなんて言う人がいますが、誰が悪いか悪くないか、捕まえるのか捕まえないのかを決めるのは「あっち」ですからね。僕らが決められるわけじゃない。

植草　私の場合、警察サイドが意図的に証拠隠滅を図ったことは間違いないと思います。防犯カメラはこのような時にこそ活用するべきなのに、警察は冤罪を創出するために、この局面では防犯カメラ映像がなかったことにしてしまったわけです。防犯カメラを設置するなら人権を守るために使ってもらわなければ意味がありません。人権を侵害するためだけに使うのなら、設置すべきではないでしょう。

マイナンバーの話を含めて国家による人権侵害について考えると、私の理解では、「明治六年政変」というのが重要なターニングポイントであったと見ています。「明治六年政変」については、さまざまな解釈がありますが、私は毛利敏彦さんという方が中公新書から出版された三部作『大久保利通』、『江藤新平』、『明治六年政変』に書かれた記述がもっとも正確だと思います。毛利さんはこの政変の真相と意味を深く掘り下げています。

歴史は勝利を収めた側が書いてしまうのが通例で、明治六年政変も勝者の側の説明だけが流布されてきました。西郷が征韓論を唱え、これに大久保が反対し、結局征韓論が敗れたという話にされている。ところが真実は違った。毛利さんは、大きな背景に、当時の明治政府内での長州閥を中心とする金権腐敗の問題があったことを重視します。山城屋事件であるとか、尾去沢銅山事件など、長州閥による汚職事件が相次いだ。初代司法卿に就任し、日本の司法制度を確立した俊英の江藤新平は、こうした金権腐敗を追及する先頭に立っていた。

条約改正を目的に岩倉使節団が欧米に派遣されていた時期のことです。留守を預かっていたのが、西郷隆盛や江藤新平、板垣退助などでした。この留守政府が西郷を韓国に派遣することを決めた。ところが、最終決定は岩倉使節団の帰国を待ってからとされました。

ここで暗躍したのが伊藤博文です。伊藤は山形有朋や井上馨などの長州閥が汚職で追い込まれ、勢力を失うことを警戒しました。伊藤はこのために薩摩の大久保利通を引き込むわけですが、一方で、大久保は江藤に対する警戒心がきわめて強かったのだと思います。大久保は韓国への西郷派遣問題を含め、政権内部での主導権を江藤などに奪われることを強く警戒したのです。江藤と大久保とは対極に位置する人物でした。同時に、明治を代表する両巨頭だったと思います。大久保が国家の権力を重視するのに対して、江藤は人民の権利を極めて重視した。司法制度確立においても、江藤は司法権の独立を強く主張し、また、冤罪こそ最大の人権侵害であることを強く主張したわけです。江藤の人権感覚は時代を超越していたと思います。

結局、さまざまな偶然も重なって、一度は正式に決まったはずの西郷の韓国派遣が最後にどんでん返しで取り消しになります。西郷は最終決定の前にデュープロセス違反を訴えて閣僚を辞任します。西郷派遣を主張していた他の閣僚も一斉に辞任してしまうのです。これが、「明治六年政変」と呼ばれているものです。その後、下野した元閣僚が反政府運動に身を投じます。江藤は「佐賀の乱」に名前を連ねます。そして、西郷はそののち、西南戦争で生涯を閉じることになるわけです。

江藤が佐賀の乱に関係すると見るやいなや、大久保は警察権、司法権、そして軍の指揮命令権を一手に掌握して九州に赴き、江藤を裁判にかけて処刑します。江藤が構築した新しい司法制度では、東京に戻り、裁判を行うことが必要だったのですが、大久保は、驚くことに江戸刑法を使って、江藤を除族の上、梟首の刑に処します。除族というのは士族の身分をはく奪することです。士族には梟首、さらし首の刑は適用できないため、あえて、除族の上で、さらし首にしたわけです。

人民の権利を重視した江藤に対して、大久保は国家の権利を重視しました。その具体的な表れが、大久保が行政権だけでなく、司法権までも一手に握って、強権で江藤を犯罪人にして、裁判を行い、処刑してしまったことです。私は日本の警察、検察、裁判所制度が前近代に取り残されていることを強く批判していますが、この日本の前近代性のルーツが、明治六年政変に際しての大久保による「独裁」にあると感じているわけです。

戦後のGHQによる日本民主化プロセスのなかで、内務省の解体というのがありました。内務省に行政権力が集中しすぎていることが問題とされました。その結果、内務省は解体されましたが、いまでも、日本の警察、検察は、裁判所という司法権までをも支配しようとする、極めて強固なDNAを保持しています。この内務省支配、警察・検察の超強権体質のDNAこそ、大久保が遺したものであると感じるわけです。

江藤新平は日本でいち早く人民の権利を重視した稀有の人材です。彼は司法の役割は人権の擁護にあると位置づけた。ところが現代に至っても日本の司法は検察権力の実効支配下に置かれています。江藤の先見性は突出していたと思います。これに対して大久保は国権重視の立場に立って、人民の権利を抑制するスタンスを取ったわけです。国家の運営としては効率的であったかもしれませんが、人権を軽視する日本特有の体質を生み出した創造主は大久保であったと私は思います。

江藤が消されて大久保が支配権を持った。これが明治六年政変の意味であると考えるわけです。このときから内務省による日本支配の体質は、形を変えていまに引き継がれている。そのＤＮＡが生き続けていると私は思うんです。

人権ではなく国権を重視するＤＮＡは、いまも生き残っている。「冤罪を生んではならない」との考え方を「無辜の不処罰」の原則といいます。「十人の真犯人を逃しても一人の無辜を処罰してはならない」という考え方です。無辜というのは無実の人という意味です。これに対して、「必罰主義」という考えがあります。、それは、「十人の冤罪を作り出してでも、罪のある者は一人も取り逃がすな」というものです。人民の権利を尊重するなら「無辜の不処罰」原則が取られますが、国家の権力を重視すると「必罰主義」が採用されます。日本では、明治六年政変以来、「無辜の不処罰」ではなく、「必罰主義」が基礎に置かれ続けてきたのだと思います。

人民の権利よりも国権、国家の権力を重視する政治権力が、人民の情報を握れば、これが国家のために利用される可能性は極めて高い。斎藤さんが警鐘を鳴らされている日本の、「監視社会」化とは、日本が戦前のような暗黒国家に進む道であると思います。マイナンバー制度というのは、この文脈のなかで考えなければならないことで、単なる税のための制度と受け取ることはできません。

「国家無問責」は生きている？

斎藤　最近あちこちで見せつけられる言葉に「受忍」という言葉があります。例えば東京大空襲の被災者やその遺族たちが国家損害賠償を求めている裁判で、一審、二審いずれも原告が負けたんですが、これは基本的に受忍論なんですよね。戦争なんだからしょうがないじゃないか、軍人軍属には補償するけど、お前ら下々の民間人なんか我慢するのが当り前だろ、一円だってくれてやるもんか、という。嘉手納基地の爆音訴訟も受忍論で片付けられているんですよ。

原発事故は一応国の責任だとは認めましたが、個別の仮処分申請などを見るとまったく反映されていません。有名になりましたけど、例えばゴルフ場が東電に対して汚染の除去を求めて仮処分を東京地裁に申し立てた事件です。これに対して東電は、原発から飛び散った放射性物質は東電の所有物ではなく無主物だ。だから東電は除染に責任をもたない、と言ってのけた。

それについて、裁判所はそっちを勝たせているわけです。すべからく、国が何をしようが、人、個人がどんな被害を被ろうが、知らないよっていうのに全部尽きてしまう状況ですね。

戦前と今と何がどう違うんだか。戦前は「国家無問責」という言葉があり、官僚は天皇に責任を負っているのであって国民に負っているのではないとされた。だから、公権力の行使に当たる行為によって市民に損害を加えても国家は責任を負わなくてもよい、とされたわけです。いまの植草さんの、明治六年の政変以来だというお話、たしかにそれはDNAなのかもね。

植草　先ほどもふれましたが、初代内務卿として実質的に首相権限を握った大久保利通は、佐賀の乱に際して宿敵江藤新平をせん滅するために九州に向かいました。大久保は、行政権から警察権、裁判権から軍の指揮権までのすべてを握ってしまう。そして江藤が創設した新しい司法制度を踏みにじり、江戸刑法を適用して江藤新平を除族の上さらし首にしました。これは革命軍が旧政権を処刑するやり方です。旧内務省、現在の警察や検察が実質的に裁判所までをも支配下に置いてしまう伝統は、この大久保独裁を淵源としていると思われてなりません。

例えば、逮捕されて地検に身柄が送られますね。被疑者は検察庁に送検されるのですが、現実に連れてゆかれるのは検察庁地下にある同行室というところです。これが現代社会の一部であるとはとても思えないような一種の拷問部屋です。映画『それでも僕はやっていない』で初めてこの地下同行室が映像化されたのではないかと思いますが、身の毛もよだつようなところです。単に物理的なつくりが拷問部屋だということではなく、そこで発せられる官憲の耳をつんざくような狂気に満ちた号令や怒声が、人民を恐怖の淵に突き落とすのです。

ここに連行されると言ってもあくまで「被疑者」であり、無罪が推定されねばならぬ者ばかりです。人権を守るという視点は皆無と言って過言でありません。こんな場所は、誰の目にもつかないところなのですが、このようなところに、国権重視、人権軽視のＤＮＡがくっきりと浮かび上がるのではないかと思います。この、国権重視、人権軽視の精神構造が、内務省から、いまの警察、検察に引き継がれていると思います。そのなかでのマイナンバー制、人民監視という位置付けでこの問題を考える必要があると思います。

斎藤　総務省ができたとき、僕は、これは内務省の復活ではないかという論旨の雑誌記事を書いたことがあります。そのときは都知事だった鈴木俊一さん、あの人が手放しで喜んでいました。内務省の復活だって。かなりお年を召していたので思わず出てしまった本音と言うべきか。「自分で言うか？」と思ったけど。

法務省と財務省に権力が集中しすぎ

植草　この問題を離れて適正な課税を実現するためのマイナンバー導入を言うのであれば、欧米のように全員の申告納税を前提とする必要があります。納税意識を高めることとマイナンバーは同時並行であるべきです。

斎藤　そうですね。源泉徴収の本の時だったと思うのですが、すごく大雑把な素人論議ですけど、こんな話を書きました。だいたいどこの国でも、官僚たちは税金をたくさん欲しいし、国民を把握もしたいだろう。ヨーロッパは付加価値税でやっている、アメリカは背番号でやっている。で、日本は源泉徴収だと言ったんだけど、現在の日本は全部やろうとしているんですね。どうしようもない欲張りどもには、国民の人権もへったくれもないんですね。狂ってる。

植草　これらの問題を通じて私が痛感するのは、日本の行政権力の中での法務省と財務省という二つの官僚機構への権力集中です。

法務省というのは、検察庁を通じて基本的人権の根幹のところの身体の自由を制限し拘束する強制権力を持ちます。これは一つの突出する権力機関です。

もう一つが財務省です。財務省は予算を決め、国民の資産、国有資産を管理し、経済政策を決めるなど巨大な権限を持ちます。さらに、銀行、証券、保険などの巨大資本産業を支配下に置き、なおかつ刑事告発権を持つ国税庁を持っています。これは法務省と同じ突出した強制権力です。

財務省の強権の背後にこの刑事告発権があります。相手が政治家でも財務省が国税を使って攻撃しようとすれば基本的に何でもできる。無申告の所得が一億円以上あれば脱税で告発できますが、実際には一億円あっても修正で済まされる人がいる一方で、一億より少ないのに刑事告発される人がいます。つまり、刑事告発するかしないかの裁量権を財務省が握っている。

刑事的告発権の威力はとてつもないものです。鳩山さんと国税との間でどのようなやりとりがあったかわかりませんが、恐らく強烈なブラフ、脅しがあったと思います。財務省には、税制、経済政策、為替介入、国有財産の管理、予算編成などの権力が集中しすぎていますが、ここに国税調査権が加わっているために、財務省による日本支配が許されてしまっているわけです。これは日本の行政機構最大の欠陥と言ってよいと思います。

消費税増税論議のなかに、国税庁を財務省から切り離して歳入庁を創設するというのがあり、民主党マニフェストにも掲げられていたので注目していましたが、予想通り、これも闇に葬られる流れになっています。財務省支配の構造を破壊しないと日本はますます危険な国になると思います。

斎藤　一九九七年に発覚した二〇人ものプロ野球選手の脱税事件と前後して、主計局長だった中島義雄さんの二信組事件への関与が問題になりました。捕まったのでしたっけ?

植草　捕まりはしなかったです。

斎藤　あれも修正申告で済まされたんですね。プロ野球選手のほうは脱税の中心になった税理士を連れてきたのが中日ドラゴンズの二軍選手だったんですが、その選手は球界永久追放です。

まだ大臣になる前の竹中さんが僕の取材に対して言ったんですよ。この事件に触れて、「だから国民総背番号だ」って。二軍のプロ野球選手と中島、どっちが悪いかっていったら中島でしょって、僕は言った。すると彼は、いや、どっちも悪いんだ、両方掴まえなきゃいかん。そのためには背番号だって言って、だけれども自分は正月になると住民票を外国に移したりして工作し、住民税も払わない（笑）。

だから奴等に情報を与えたら絶対そうなりますよね。どうせ運用は恣意的なんだから。権力者は何をしても許されるが、権力のない人間は許されない。中島さんも結局、大蔵省にいい顔をしたい稲盛和夫さんの京セラに拾われました。

植草　中島義雄さんの件は、例のノーパンしゃぶしゃぶの接待問題とつながるのですが、結局逮捕されたのは大蔵省のノンキャリの職員一人と証券局業務課に在籍していた榊原さんという課長補佐一人で、後は全部刑事訴追を免れました。証券会社の幹部が逮捕され、日銀でも現職課長が逮捕されましたが、大蔵省のキャリア官僚では若手の一人だけがトカゲのしっぽ切りにされました。本当は逮捕されてもおかしくない幹部職員はたくさんいましたが、結局逮捕されなかった。その背景に、法務と財務の結託があります。

財務省と法務省が霞が関官僚機構の両横綱なんですね。霞が関一丁目一番地を調べると、これが法務省であることが分かります。法務省は正真正銘の霞が関一丁目一番地の位置にある。検察庁は法務省の一部です。財務省の住所は霞が関三丁目一番地ですが、これがもうひとつの正横綱。彼らは霞が関の両横綱を自任しているから、検察が財務省を攻撃する際には、手加減が生じて、生ぬるい対応になるのだと思います。

斎藤　地下に掘らせたトンネルで繋がっているんじゃないかって（笑）。

植草　少し距離がありますが、トンネルでつなぐことは十分可能だと思います。この二つの官庁の不正と暴走が日本の根幹を著しく歪めていると思います。この問題を掘り下げると膨大な時間がかかるので深入りは避けますが、罪刑法定主義という大原則がありながら、日本の場合、「起訴便宜主義」の名の下に、とてつもなく大きな裁量権が警察と検察に与えられています。犯罪があるのに立件しない裁量権と犯罪がないのに立件する裁量権の両方が与えられています（笑）。恐ろしいことですよ、本当に。この不透明性を除去しなければなりません。日本の警察、検察、裁判所制度の近代化は喫緊の課題ですが、大半の政治家が震え上がって手出しをしません。この意味では、小沢裁判での検察の不正を暴いた『検察の罠』（日本文芸社、二〇一二年）を出版した参議院議員の森ゆう子さんの行動は画期的だと思います。

【第二日】（二〇一二・七・二四　於東京）

税制と経済に見る この国の 残酷なかたち

——中小零細業者の絶望がきこえる

《編集部》前回は主に植草さんから消費税増税法案が現在に至るまでの経緯、とくに民主党政権誕生による政権交代以後、財務官僚やアメリカの執拗な巻き返しについてお話をいただきました。今のところそうした企みは成功しつつあるように見えますが、はたしてどうなのでしょうか。また、一時はなりをひそめていた官僚たちも力を復活し、かねて国民監視支配の方向を狙っているようにもみえますがどうでしょうか。

前回、斎藤さんからは消費税そのものがいかに弱者に厳しい法律かということが指摘され、あわせてサラリーマン税制を含む税制全体が歪んだものになっているとのお話がありました。その辺の続きは、本日、十分に展開してください。また経済成長と分配のあり方といったこの国のあり方に関わる大きな話にも踏み込んでいただければと思います。

植草　いわゆる水平的公平確保の観点から消費税を入れるべきだという意見が一般的ですが、前回の対談で斎藤さんから、サラリーマンに対して源泉徴収という仕組みを取っていることが、サラリーマンの所得捕捉率が非常に高い理由であるとの指摘がありました。本来は全員が申告納税すべきで、この部分を是正すると、水平的公平のための消費税という理屈が崩れ去ってしまいます。お話をうかがって、まさにその通りだなと思いました。

諸外国の事例などを踏まえても、個人がすべて税務申告する方向に制度を変えるべきなのだと思います。ただ一方で、徴税コストの話がよく出てきます。申告納税化に財務省、国税当局は猛烈に抵抗すると思います。どのような抵抗が予想されるか。その予想を踏まえて申告納税化の方向に議論を進めていくために、どのような国民に対する働きかけが必要か、そのあたりのお考えをうかがいたいと思います。

サラリーマン税制の成り立ち

斎藤　サラリーマン税制というのは非常に特殊な状況下で始まったんです。最初の源泉徴収は、一九四〇年に戦時体制の一環として始まるんですね。ちょうど日中戦争をやっているときで、戦費調達のために大衆課税をする。そのための源泉徴収が始まった。戦時中は源泉したらそれっきりだったんですね。細かい調整というのはしない。

戦後、GHQがやってきて、なんだこれは、あまりにも封建的じゃないかということで、デモクラシーの納税方法として確定申告を導入しなさいと言ってきた。それに対して大蔵省はものすごく抵抗して、妥協の産物として「原則」確定申告なんだけど、給与所得者に限って年末調整という制度を入れましょうということで落ち着くんです。

これはすでに戦時中から満州（中国東北部）で実施されていたんだけれども、もとはというとナチス・ドイツが考えたやり方だったんです。

なにしろ戦争直後ですから、多くの税務署員が戦死したり空襲で亡くなっていたという事情も大きかった。税務署員の確保ができない、税理士さんも同じような事情だったでしょう。また、なんと言っても戦後の混乱期で、今までやったことがない確定申告を国民的規模でやるというのは大変だったと思います。そこで、昭和二二年（一九四七年）の所得税法改正で、会社員に限っては会社が代行するということになったというわけ。

当初は、人を雇っているところ、つまり会社に、税務署の仕事を代行させるという考え方でした。だからお礼を払っていたんです。よくやってくれるところは表彰してあげたりしていたのですが、それが昭和三〇年代ぐらいになるといつの間にかなくなるんです。会社は「タダ」で年末調整の事務をやってあげることになる。

で、いろんな訴訟が起き始めたんですね。一番最初は銀座のレストランの社長さんが、従業員の給料から源泉徴収する職務を怠ったとして所得税法違反で起訴された。一審で懲役六ヶ月、執行猶予二年の有罪判決が下され、二審もそれを支持したのですが、その社長は負けていなかった。何で民間の会社がそんなことをやってやらなきゃいかんのか、憲法違反だと上告したんです。これに対して、昭和三七年（一九六二年）に最高裁が結論を出した。これが凄い判決なんです。要するに月々従業員の源泉徴収をしているでしょう。最終的な調整は年度末にいっぺんやるだけだから、その期間は会社が預かっているわけです。だからそのカネを運用すればいいじゃないかと。要は会社で運用して儲ければいいじゃないかっていうことになった。他人の税金を、ですよ。国の代行をしたからって損ばかりじゃないよ、そう言って「合憲」だという結論を出したんです。

植草　それは最高裁判決ですか？

斎藤　はい、最高裁です。

　サラリーマン税制をめぐる憲法訴訟で大きいのが三つあるんです。これのほかに一番有名なのが大島訴訟といい、同志社大学の大島正さんという文学とスペイン語の教授が起こした裁判です。研究のために資料を買う、これは経費であり、給与所得控除の枠よりもっと多い、それが経費にならないのはおかしいと言って訴えて、これも最高裁までいって負けるんですが。

　この大島訴訟には功罪があって、一般には、サラリーマンには経費が認められていないからけしからんという裁判だと受けとめられたんですね。だけど実際には給与所得控除があり、税制としてはこれに経費の部分が含まれると考えていたわけです。また、導入された頃というのは、あえてあいまいにされていた部分もあって、サラリーマンは経営者の腹一つでいつクビになるかもわからない不安定な身分だから、その分は少しおまけしてあげましょう、といった温情的な意味があったんです。大島先生は全てわかっていて、でもその上で給与所得控除を上回る分の経費を認めろ、という主張をされていたのですが、またぞろ理解できないのか、あえてミスリード役を買って出たのか、マスコミが世間を誤解させる役割を負ってしまった。

結局この裁判で大島先生は負けるんですが、成果がなくもなかったんです。もしも給与所得控除よりも余計に経費を使った場合は特定支出控除という形で、ちゃんと手続きを踏めばその分を認めてあげますよという制度はできたんです。

植草　比較的新しいんですか？

斎藤　判決が出たのが一九八五年（昭和六〇年）三月、そうした手直しができたのはその五、六年後で、ちょうど消費税の動きともリンクしていたんでしょうね。

そのときも非常に汚いやり方でね、政府税制調査会ではわりとまともな結論が出たんです。給与所得控除には先にお話したような多様な意味が込められているのだから、経費が控除額の半分を超えたサラリーマンには確定申告権を認めよう、それで納税者意識が涵養されれば結構なことだという答申が書かれたのに議論が自民党税調に移ってから、「経費が給与所得の全額を超えなければ申告権も認めない」という話になった。給与所得控除には必要経費の概算控除という意味しかないことにされたわけです。そういう姑息なやり方になって、手続きがすごく煩雑なものだから、国民の中でこの手続きを使う人は毎年一人か二人しかいないんですよ。それほど少ないんです。多いときでも二桁に乗ったことはなかったんじゃないかな。

以上がおおまかなサラリーマン税制の歴史です。日本の徴税当局にとっては命綱みたいな、何が何でも死守しなければならない税制だということですね。

申告納税とバーターで納税者番号を

斎藤　僕が最初にサラリーマン税制の本を書いたのは一九九六年でした。その後は時々こうした議論が浮上することもあるんです。あるんだけど、必ず付随的に納税者番号とのバーターみたいな雰囲気が出てくる。サラリーマンにも申告納税を認める議論をしてやってもいいぞ、ただし、その前に納税者番号の導入が先だということになる。そうじゃなかったら全員脱税するだろうから、ガチガチに監視させろよな、みたいな話ですね。

僕は本を書きながら念頭にはそのことがいつもあった。これについては理論武装しなきゃいかんなと思っていたんです。そして九九年、そうした問題意識のもとで監視社会をテーマにした本を書きました。『プライバシー・クライシス』（文春新書、一九九九年）です。

そしたら、これは非常に面白かったんだけど、「ビートたけしのＴＶタックル」が僕に「出演してくれないか」と言ってきたんです。趣旨は「サラリーマン税制を見直そう」といったようなことでした。「ご著書のような意見を言ってください」と。『プライバシー・クライシス』の方は読まずに、『源泉徴収と年末調整』だけを読んでオファーしてきたみたいですね。何となくちょっとピピーンと来たので、「わかりました。だけど、僕はだからといって納税者番号導入には反対ですが、それでもいいですね」って返したら「ではお断りします」と言われた（笑）。

植草　そうですか。

斎藤　納税者番号をどう考えるかということでいえば、僕は基本的にそれ自体に反対なんですが、仮りにサラリーマン税制は反対だけど納税者番号（納番）はやむなしと考える人の場合は、バーターでもいいじゃないかという議論が出てくると思うんですよ。で、納番が避けられないのであれば、最終的にはそれが落としどころなのかなあ、と思わないでもないんです。ただ、徴税当局のやり口を見ていると、バーターにするからということで、納番だけが先行して、でもやっぱりサラリーマン税制は維持しましょうねとなるに決まっていると思う（笑）。だから現実にはバーターはあり得ない。あまりそういう議論には乗りたくないなということですね。

で、結果としてはクロヨン論というのがこれまで以上に強化されるでしょう。サラリーマン税制のほうがむしろ正しい納税のあり方で、確定申告というのは脱税を助長する、みたいなでっち上げが流布される。その場合、およそグローバルスタンダードとはかけ離れていくことになります。

ナチスに倣った年末調整

斎藤　ではどうするかという話ですけど、非正規雇用の問題と関連づけて考えることが必要だと思います。非正規雇用がこれだけ増えてくるとサラリーマン税制って成り立つのかという問題が出てくるはずなんです。非正規雇用にもピンからキリまであって、常雇いの場合と登録型で違ってくると思うんですが、登録型の場合は源泉はされるけれども年末調整はしてくれないというのが実情のようです。だから取られっぱなしです。それぞれの事情でいろんな控除がほんとは受けられるのに、受ける手立てを多くの人が持ってない。取られ損というケースがかなりあるはずなんです。

九六年に『源泉徴収と年末調整』（中公新書）を書いたときの僕の期待としては、まさにそのサラリーマンに読んでもらって、サラリーマンの納税者意識というのを涵養してもらいたいと思ったんだけど、そっちからは全く反響がなくて、一番反応してくれたのが経済同友会だったんですね（笑）。つまり、財界は今に至るその非正規化に備えて、サラリーマン税制の将来像を検討しておく必要があるとわかっていた。彼らにはよかれあしかれそういう問題意識は明らかにある。

もっとも、自分で計算するのは面倒くさいとしか考えていないサラリーマンが多いのは確かです。だから、これは先輩のドイツに倣って選択制にすべきじゃないかと思います。申告を自分でやってもいいし、会社に任せてもいいという具合に。ただその場合にはミソがあって、あえて面倒くさいことをやらせるわけですから、それはその分インセンティブを与えて、ただ会社に年末調整してもらうよりは、何らかの節税メリットがあるような方法にしていくべきだ。僕の立場は、結局、納税者の権利の問題に行き着きます。さまざまなところで、納税や税金の使い道に対する健全なチェック機能を働かせていかなくてはと思う。

植草　一九四〇年に戦時増税の手段として、源泉徴収の仕組みができたとおっしゃいましたが、これはナチス・ドイツを倣ってということですか。

斎藤　源泉の目的は、戦争遂行のため増税・大衆課税化に収斂されます。明らかにナチスの真似なのは年末調整です。

植草　年末調整ですか。これ、源泉の方式を取っていて、戦後GHQが来て日本の民主化をやるときに、納税者意識を高めるとの観点もあって、変えようとはしたんですね。ただそれは力関係で残ってしまったということでしょうか。

斎藤　そうだと思います。他の分野ではＧＨＱの言うことが絶対だったわけだけど、大蔵省はその点だけは譲らなかった。だから結局、確定申告を入れないわけにはいかなくなったものの、それはあくまで原則ではあるのだけれど、会社員についてはその限りではないと。ただ当時はまだ会社員というのが、全体の半分もいなかったから、あくまで例外で済んだわけですが、その後はサラリーマン社会になっていきますから、例外の方が普通になっちゃったわけです。

高等文官試験と国家公務員上級試験

植草　私は戦後史に関心があります。ＧＨＱが日本に来て様々な改革を矢継ぎ早にやります。それでも、改革が行われなかった、あるいは中途半端になった部分があります。これには二つの見方がある。一つは改革を実現するのに時間がかかること。もう一つはアメリカの対日占領政策の方針が大転換したこと。逆コースと言われてきたものです。占領当初は財閥解体や農地解放、労働組合育成などを大胆に進めたのに、あるときから、戦犯容疑者が釈放され、逆にレッドパージが広がりました。

日本の「国のかたち」を考えるとき、官僚の支配権が非常に強いことが最大の問題のひとつだと思いますが、この点を戦後史のなかにどう位置づけるべきでしょうか。戦後の憲法で、公務員は全体の奉仕者、パブリック・サーバントであるとの考え方に転換しましたが、実際には官僚の主導権は維持されて現在に至っています。私はその原因が戦前の高等文官試験を国家公務員上級試験として戦後も残したことにあると思っています。つまり、各省庁の少数エリートを作る仕組みをそのまま残したことにあると。

戦前の官僚は天皇の官吏であり、支配者の一翼を担いました。この基本構造が、戦後の公務員上級職にそのまま移植されたのではないでしょうか。これを私は戦後改革の盲点であるとも思うのです。アメリカは占領政策のなかで、官僚機構を生かして使うために特権的な官僚機構を意図して残したのか、それとも、この点を見落として、官僚支配構造が思いがけず残ってしまったのか。私もまだ回答を得ていないのですが、大きな疑問点のひとつです。

アメリカは官僚機構の支配力の強さを温存したのかどうかです。源泉徴収制度を維持した主役は大蔵省だと思いますが、大蔵省がGHQと折衝したときに、GHQが源泉徴収制度を残したのはどういう経緯だったんでしょうか。GHQが大蔵省と話をする際には、大胆に舵《なた》を入れるというより、むしろ大蔵省と手を結ぶようなところがあったのか、その辺はどうご覧になりますか。

斎藤　すみません、そこまでは調べていませんが、僕はあったと思いますね。アメリカはやっぱり天皇を残して間接統治という形にしているわけだから、やはり天皇の官吏という部分は実質的に残さないわけにはいかなかったんじゃないでしょうか。

植草　戦後の占領政策における天皇の役割というのが、最近見直されています。天皇が主体的に関わっていたのではないかとの見方です。沖縄に基地を残す、沖縄を切り離す、あるいは反共の方向に日本を誘導する。こうした点に関する事実発掘をマッカーサーと天皇の会談記録などを調べた豊下楢彦さんが本に書かれています。それを元外交官の天木直人さんや孫崎享さんが引用して紹介し始めています。

官僚機構の突出、官僚による日本支配の構造、そして、戦時税制の継承などが、占領政策の中の盲点なのか、そうではなく、アメリカが意図して残したものなのか、調べてみる価値があるように思います。

斎藤　大いにあるでしょう。ただ、年末調整が始まったのはその逆コースの前だから、必ずしもそれと一緒に動いたということばかりではないと思います。

植草　ということは、当初から官僚機構の意向、大蔵省の意向は尊重された部分があったということでしょうか。

斎藤　そう思います。当時の大蔵官僚は、実際、かなり強気な発言をしていましたね。前尾繁三郎だったかな。大蔵省の財政史室がまとめて東洋経済新報社から出ている『昭和財政史』

（一九六五年）にその辺の事情が載っています。

源泉と確定申告の選択制、その功罪

植草　諸外国で源泉徴収をやっている国は多くあるんですか？

斎藤　アメリカが代表的ですね。フランスは源泉もなくて、全部確定申告。ドイツは源泉と確定申告の選択制。で、イギリスの制度は幾ら調べても全然ちんぷんかんぷんでよくわからない（笑）。国税庁長官や大蔵事務次官を歴任した尾崎護さんの『Ｇ７の税制』（ダイヤモンド社、一九九三年）に一通り載っています。

植草　選択制というのは非常にいいアイデアだと思いますが、選択できるとしたら、どちらを選ぶことになりますか。先ほど、申告納税を選ぶことが納税意識を高めるという話がありましたが、逆の結果にならないでしょうか？

斎藤　ウフフ、でしょうね。僕は一種の理想論を語っているわけで、運動論はまた別の人にやってほしいところなんですが……。自分で確定申告を希望する人間はどちらかというと、企業社会では不利益を被ると思うんです。つまり、自立志向の人間はそれだけで危険分子扱いされる。その人が勤めている会社の経営者が必ずしもそう受けとめなかったとしても、社会的にはそういう雰囲気に持っていかれるに違いありません。

いま、特定支出控除が使われていないというのも、要するに僕はそういう問題だと思うんです。つまりこの控除は、必要経費をある限度以上に使ったことを証明しなきゃいけないでしょう。そうすると、例えば自分で「本をいっぱい買って勉強しました」だけでは、娯楽かほんとの経費かわからないわけだから、それがほんとに経費だったんだということを勤務先に証明してもらう必要が生じるわけです。だからそれはもちろん、半端じゃない手間がかかるというのもあるけど、現場では「お前、まだそんな青臭いことやってるの？」みたいな話に絶対なるというのが現実でしょうね。

だから選択制というのは、なまじ中途半端に考えると、功罪がある。いっそ選択制などなしにしといたほうがいいのかもしれない、と思うときもあるんです。

「スライブ（THRIVE）」の主張

植草　これはちょっと教育論あたりまで話が拡散してしまいますが、最近、ネットで動画が公開されている「スライブ（THRIVE）」というのをご覧になったことがありますか。

斎藤　ごめんなさい、知らない。ネットはどうも苦手なもので。

植草　陰謀論と括られてしまうかも知れませんが、現代社会の成り立ちを解説する動画をYouTubeで閲覧できるのです。

日本と海外の教育を比較したとき、日本では個性を持たない人材を養成するように教育プログラムが組まれている、それが工業化社会構築に都合が良かったとよく言われます。ところが、欧米では個性を生み出すような教育が行われていると言われることが多い。

ところが、「スライブ」は、アメリカでも、できるだけ従順で逆らわない国民を養成するための教育がなされていると主張します。企業や国家にとっては、自立心を持った自己主張をする、正義を追求する個人は邪魔な存在なのだとの認識が示されます。

斎藤　その通りだと思います。

植草　ドイツの歴史教育では、年号などを暗記させることにではなく、それぞれの歴史事実をどう考えるかに重点を置いた教育がなされているという話を聞きます。海外では自分の頭で「ものを考える」ことが重視されている、との話が一般には多い。

ところが、「スライブ」は、アメリカでも国家に従順で指令に従う人材を育成するのが願いなのだと訴えます。大久保利通が創り上げた日本と共通する考えがアメリカにも存在するというわけです。

斎藤　うかがった限りではありますが、僕はその「スライブ」の主張に全く同感ですね。国によって単にやり方が違うだけです。それと、おそらく経済の発展段階が関わってくる。

日本の高度成長は第二次産業が中心でした。基本的に末端の労働者にあまり知識や技能がないと困るという極めて物理的な問題だったと思うんです。技能がないのに工場をいじくられて爆発でもさせられたらかなわないという。だからそのときは軍隊的な画一的な教育だった。

いまはまったくそれとは違う方向に行ってます。画一的か否か、どっちかしか選べないということだったら、僕はまだ画一的な教育のほうがいいとさえ思っているんです。その分まだしも平等ではあるから。

ところがいま日本では、サッチャー改革後のイギリスの教育みたいなあり方を目指しているわけです。飛び級だとか、習熟度別クラス編成だとか、全国統一学力テストによる序列化だとか。じゃあ競争を促したら画一的でなくなるのかって言ったら、けしてそうじゃない。その辺のことは僕は前に『機会不平等』（文春文庫、二〇〇四年）で書きましたが、こうした考え方は、勉強はもうエリートだけでいい、あとの奴はただ従順でいてくれればいいという考え方を、ただあからさまにしているだけです。

「ゆとり教育」の建前と本音

斎藤　これは教育課程審議会という文部科学相の諮問機関の会長だった三浦朱門という作家に、ゆとり教育について直接聞いたときの話です。学力テストなどは学校や生徒の序列化に繋がるから反対だと日教組などはいいます。僕も彼らと基本的な認識は同じですが、この作家たちは、「だからこそやるんじゃないか」という発想なんですね。つまりできない奴に勉強なんかさせても無駄だし邪魔くさいから、早くにあきらめさせておとなしくさせるのが目的だって。これが本音のところです。

植草　ゆとり教育の？

斎藤　ええ。ただ、そこがややこしいところです。

一九九九年の教育課程審議会答申に基づいて二〇〇二年の学習指導要領でゆとり教育が実行に移される。そこで僕は二〇〇〇年七月に三浦朱門さんのところに行ったんです。その頃の僕は、平均学力が低下傾向にあると聞いていましたから、ゆとり教育にしたらもっと低下しちゃうけど、それでいいんですかって尋ねたんです。

そしたらその方がいいんだという。日本は戦後、全体の底上げを図ることにばかり熱心で、先生たちの手間ばかりかけた。そして予算もできない奴にばっかり回されて、肝心のエリートが育たなかったんだ、だからこれからは、できない者はできないままでけっこうだと。「非才・無才」という言い方をしていた。

才能のない奴は勉強なんかしないでいいから、ただ実直な精神だけを養ってもらいたいと言うんです。そうすればその分の手間や暇、金が浮く。それをエリートに振り向ければ、その中の超エリートが将来の我が国を引っ張っていってくれる……これがゆとり教育のほんとの目的だって言うわけですよ。

三浦さんはあちこちでこれと似たことをしゃべっています。「個性に応じた教育」を推進するとか。

植草　言い方を変えて（笑）。

斎藤　僕などは「とんでもないことを三浦朱門はほざいた」と思うんだけど、文科省詰めの新聞記者なんかは全然不思議に思わない。みんな、「え、それ何が悪いの？」てなもんです。「当然じゃん」みたいな反応だったんですね。

そこはちょっと僕は特殊な考え方なのかもしれないのですが、僕は東京都立の北園っていう可もなく不可もないレベルの高校の出身なのですが、一年生の一学期にクラスでペケだったんですよ。四六番中四六番だった。ところが二学期になったら四五番になったんです。やったぜ、一人抜いたと思ったら、その間に一人転校していってたという（笑）。そんなふうでしたから、三浦朱門さんに聞いているときに頭にきたわけです。なんだこの野郎、俺みたいなのは学校に来るなと言いたいのか、と。

マスコミ業界の人って、基本的に自分はエリートだとカン違いしてるのが圧倒的に多いから、自分は、「できない者はできないままでけっこう」なんて言われる側には絶対に入らないと思いこんでいるふしがある。だから鈍感なんです。三浦朱門さんの差別的きわまる暴言を、「そうそう、その通り」って反応なんですね。

植草 それで、今は、下が下がりすぎたからその部分を修正しようという話になっているんですか？

斎藤 僕が聞いたのはゆとり教育の本音の部分だったわけですよ。ゆとり教育の建前としては、それまで詰め込み教育が過ぎたので、落ちこぼれがたくさん出た。だから全体のハードルを下げる。小中学校の学習時間や、授業内容を三割減らした。円周率が3・14だと難しいから3でいいとかいう話もその一部です。

ハードルを下げることによって落ちこぼれが出ないようにするというのが建前で、これは七〇年代から日教組が言っていたような話だったんです。それを今度は文部省が前面に出してやってきた。僕としては「それだけじゃないだろう」と思って取材に入った。すると三浦朱門さんみたいな話が出て来たという順序です。

で、その後ゆとり教育の見直しになりますので、それはＰＩＳＡ調査なんかで点数が下がったからだと言うんだけど、言ってみれば最初からの予定通りです。僕は三浦さんへの取材で、先生の言うことがわからないわけじゃないけど、でも、それだったら目的はエリート教育じゃないですかと、ゆとり教育はそのための手間、暇、金を浮かすための方便ということだから、方便を教育改革の前面に出すってどういうことなんですかって聞いたら、それは、そんな、はっきりほんとのことを言ったらみんな怒るから回りくどく言っただけだってお答えでした。

国家の意思は「賢くならなくともいい」

斎藤　ゆとり教育の見直しというのはつまり、彼らが以前はまだしも回りくどく言ってくれていた部分をあからさまにしただけです。語るに落ちた、というのかな。だから、習熟度別クラスというのがすごく増えてきました。また、教科書検定がこの間に何度か変わりました。内容がどっと減ったんですね。先ほど言った円周率は3だとか、中学の地理も、昔は世界中の勉強をしていたんですが、二箇所ぐらいでよくなったりしたんですよ。アメリカと中国だけ、とか

ね。これは酷いというので、少しすると教科書の中身は元に戻る。戻るんだけど、一度削ってまた戻した分については、発展学習という名前がついて、つまりそれはみんなに教えなくていいと。できる子だけに対しての発展学習という形で教えたらいいというふうになったんです。

植草　ということは、ゆとり教育のときはカリキュラム自体も減らした？

斎藤　三割も減らしました。もともとは労働問題だったんです。学校がそれまで隔週二日だったのが、完全に週休二日になったので、授業時間が確実に減ったわけですよ。だから日教組のゆとり教育論というのは、つまりそういう労働問題でもあったわけですが、これが逆手に取られたということです。

植草　国家の意思としては、一般大衆は賢くならなくていい……ということになりますね。これは、源泉徴収の考え方とつながってきますね。

このような国家の行動を踏まえると、現状を是正するために国民にはどう働きかけるべきかということが問題になりますね。当事者のサラリーマンが、選択制になっても申告納税は選ばない、面倒なことは会社にやってもらいたいとなると、現状は維持されてしまう。政治のレベルは国民のレベル以上にはならないと言われますが、国民が現状の是正を求めないと何も変わらないですよね。

これは、啓蒙が必要ということになるのか、それとも国民の意識が自律的に変わるのを待つのか……どうなんでしょう。

斎藤　あからさまな愚民政策です。教育を通じてノンエリートを積極的にバカにする、支配されやすくしてしまうというね。その先の議論については、それぞれそれを論ずる人の価値観でしょうけど、僕はまず、例えば強権的に全国的に確定申告だっていうのは嫌なんですよ。絶対権力みたいなものが、たまたま僕と似たような意見の持ち主で、そいつが強権的に全部変えるというのは嫌なんです。だから選択制というような話にどうしても行くんだけど、でもそれだけだとたしかににみんな動かないだろうと思います。

だから啓蒙ということになるんだけど、その啓蒙をまた強権的にやられるのも嫌だし（笑）。そんなわけで僕は、僕が信じるところによって、本を書いたり話したりして、わかってもらおうと努力はする。あとは読んだり聞いたりしてくれた人々に委ねたい……その人たちが仲間を作って動き出す、そこまではいいと思うんですけどね。

植草　理想としてはそういう活動が自然発生的に草の根から広がり、それが総意になるのがいい？

斎藤　うん。それ以上は俺が動かすのも動かされるのも好きじゃないっていうか（笑）。

納税者番号が住基ネットと繋がったらアウト

植草　先ほどから訴訟の話もありましたけど、企業としては源泉事務をやり、納税までやるとなると、本来の会社の仕事でないことにマンパワーを投入することになるので、コストが上がりますよね。

ただ他方で、企業は政治権力や国家権力に敵対するより従順に従っていたいという面もあります。企業の側が現状を維持しようするインセンティブは、コストよりも権力との関係を良好に保つことにより大きなメリットを感じているからでしょうか。

斎藤　さすが植草さん。そこのところはほんとに阿吽《あうん》の呼吸、言わずもがなでしょうね。だって、国家財政なんて、みんな大企業のためだけに使われているじゃないですか。普通の人の福祉なんてまともにやってくれやしないのに。

ある大手スーパーの本社に取材したら、年にその計算だけで十何人か必要で、それを身体障がい者枠でやっているって言っていました。それだけでも社会貢献へのPRになるし、税金は回り回って自分たちへの支援に回ってくるのだから安いものだって、そういう判断ですね。

植草　それからもう一つ、申告ということになると、当然、所得の捕捉率は落ちるし納税金額は減少することが予想されます。するとそれを補うために経済全体に網を掛ける、つまり経済取引のすべてを捕捉しなければならないとの主張が出てくる。そのためには新しい制度が必要という話になり、納税者番号に話が誘導されますよね。

けれども、これはさきほどの監視社会の話につながりますが、日本の風土では、ルールの順守がきわめてゆるいので、個人の情報が目的外で使われ始める。警察は個別に住宅を訪問して思想・信条を含めて個人情報を集めて蓄積していますが明かな憲法違反です。これが放置されている日本で、納税者番号、マイナンバーが導入されれば、個人が完全に国家の監視下に置かれることになってしまうと思いますが、どうでしょうか。

斎藤　僕は納税者番号（納番）には絶対反対です。住基ネットで、まだIDカードの交付を受けている人は一％もいないって言われてますよね。でもあれは納番と連動させたが最後、持たない者は脱税をたくらんでいるって話にされるので、やっぱり持たないわけにはいかなくなる。それが怖い。監視社会に反対もヘッタクレもなくなります。納番というのは鍵なんです。だからこそ何としても権力側は導入したいというように考えるんだろうけど。

「サラリーマンは最初から管理されてんだ」

植草　プライバシーの保護の意識が、日本ではとりわけ希薄であると思いますが、諸外国と比べてどうですか？　海外も同じでしょうか。

斎藤　基本はそんなに変わらないと思います。国民総背番号などは日本はむしろ遅いほうじゃないですか。日本はみんな従順だからそんなことをしなくてもよかったというだけの話ではなかったか。

税制との関係でいえば、サラリーマン税制というのは国の監視を企業に代行させているシステムだったとも言えるんですね。別に国が出てこなくても会社がみんなやってくれた。『プライバシー・クライシス』を書いたときに忘れられないことがありました。これは文春新書で出たんですよ。もともと僕は週刊文春の記者で、そのころのデスクが新書の編集部に移っていて、たまたま社内でバッタリ会ったとき、「タカオちゃん、何かない？」って言うから、国民総背番号というのがありますけどって言ったら、そのときまだ文春新書、出来たばっかりで、プランに困っていたので「じゃ、それ行こう」って。こんな感じで頼まれちゃったんですね。

ところが、社内でけっこう嫌がられたらしくて、資料室でコピーをとってたら、一人、わりと親しかった人が寄ってきてね。「タカオちゃんさぁ、ちょっと俺だけに教えてほしいんだけど、どうして国民総背番号って悪いの？」って言われました（笑）。えっ、えっ、だってそんなもの悪いに決まってるでしょ、だってお上に番号をつけられて管理されるんですよって。

すると、「タカオちゃんはフリーだからそう思うんだろうけど俺たち、サラリーマンだからさぁ」っていうの。「最初から管理されているんだよ。だから全然悪いと思わないんだけど」「へぇ、そうですか」なんてやり取りになった。会社の中で従業員として管理されるのとは次元が違うのになと思いましたけど。でも、編集者としては、世の中の本を読む層の大多数はそうだから、そういう人たちにも納得できるように書いてねって、最後は親切なアドバイスになるんだけど。

植草　すでにサラリーマンは完全に監視下に入っているので、国家の意思としては、これを全国民に拡げようということでしょうか。

斎藤　そうですね。その上、昔みたいな会社社会とも違い、正規やら非正規やらでバラバラにすると、会社員にもいろんなのが出てくるので、一人ひとり押さえつけたいという発想が出てきたのでしょう。

直間比率、もう是正点は何もない

植草　次の質問に移りますが、消費税を語るときに必ず出てきた「直間比率」の見直しですが、これを是正するという話が最近、出てきませんよね。

斎藤　もう〝是正〟する必要などまったくないと思います（笑）。

植草　法人税収が激減して消費税の比率が飛躍的に上がったために、直間比率の是正は達成されてしまっている。だから、消費増税の理由に使えなくなった。これも典型的なご都合主義ですね。

　応能負担という原則で考えると、所得税は応能負担の原則に立つ課税ですよね、累進構造にもよりますが、所得性があるところに消費税が並立される。すると、課税最低限の所得よりも所得が少ない人に課税することになります。逆進性の問題としてまずあげられるのはこの問題です。これを是正するには消費税をやめるのか、それとも、別の策を講じるべきなのか。いかがですか？

斎藤　直間比率の件、先日、植草さんに加藤寛さんの話をしましたよね。加藤さんが消費増税を直間比率論で進めようとしたら、官僚に止められた話です。加藤さんに言わせれば、そもそも何百兆円の借金というけど、半分は資産になっているんだし、そういうのを赤字とは言わない、財政危機なんて嘘だという話ですね。カトカンさんはそのとき、要するに何百兆円の赤字って言うけど、それは赤字を二重にカウントしているという言い方をしていました。

植草　それは建設国債のことですか。

斎藤　そうです。高速道路などの資産になっている国債まで赤字扱いするのはおかしいっていう理屈ですね。そうしたら官僚たちは「財政危機っていうことにしてくれ」と言われた、そういう証言が出たんです。

僕はこれは特ダネだと思ったんで、日刊ゲンダイとかに書いたんですが、誰も注目してくれない（笑）。バリバリの増税論者で、政府税調の会長まで務めた人がそれだけの証言をしたら、みんなが取材に殺到しなきゃいかんだろうと思うんだけど。というわけで、加藤さんの証言自体がなかったことにされてしまってますけどね。

中小企業では価格に転嫁できない

斎藤　消費税増税に反対する議論には、消費が冷え込むとか、益税〔消費者が負担したつもりで支払った消費税相当額が国庫に納められず、合法的に事業者の手元に残る場合〕だとか、三つぐらい言われていて、その一つが逆進性の問題です。逆進性について僕の考えを述べます。

例の給付付き税額控除というのに一定の意味がないとは言いません。ただ、あれの前提とされる納税者番号（納番）制が問題です。前にも言いましたが、税務署で納税証明をもらってきて窓口に出せばいいだけの話です。給付金は年に一万とか二万とか言われているけど、貧乏人に一万円ずつくれてやるから全員に番号をつけさせろっていう筋書きはいくらなんでも国民をバカにし過ぎてはいないか。

そんな与太話の以前に、消費税には本質的な問題があります。価格支配力のない中小零細企業や独立自営業では価格に転嫁できないという大問題ですよ。周囲の同業者との競争上、あるいは元請け、下請けの力関係で、景気がうんといいときならともかく、いまみたいな時には、増税分を値上げして売れるはずがない。

周囲の同業者がウチは我慢して値段を据え置きますってやったら他も追随しないわけにはいかないでしょう。で、元請け、下請けの関係で、下請けが今までよりも五％乗せた請求書を出したら、お前、二度と来るなってなるのは目に見えてます。だからって、年間売上高一千万円以上の事業者が納税義務者であることには変わりはない。ということは自腹を切って納めるしかない。

小さいところは確実にそれでもう成り立たなくて潰れます。すぐには潰れないところも、特に零細企業や自営業者っていうのは将来を悲観して廃業するしかないとなる。じゃあ、でっかいところはどうか。小さいところばかりとは限らないですよね。大小に関係なく、商品力が非常に高くて、お客さんに対してこっちが勝手に値決めができるような業種業態であれば何も困らないんだけれども、そうではないです。

例えばスーパーなんかの場合。このグラフ（図3、次頁）がそうなんですが、要するにいま、現状が①だとしますよね、この黒いところがコストで、この薄いところが利益で、で、五％の消費税が乗っている。一九八九年に消費税が導入されて以来、すでにかなりの零細企業や自営業が潰されているんですが、それでもどうにかやっている事業の構造ですね。それで増税されると――逆進性の議論の場合でも、増税されると②になるとみんな思うわけですよ。

税金の分が現在の価格に五％乗っかると。消費者だけが負担する一般的なイメージ通りの形

図3　消費税増税が零細企業や自営業を潰し、
しかもデフレを加速させるというメカニズム

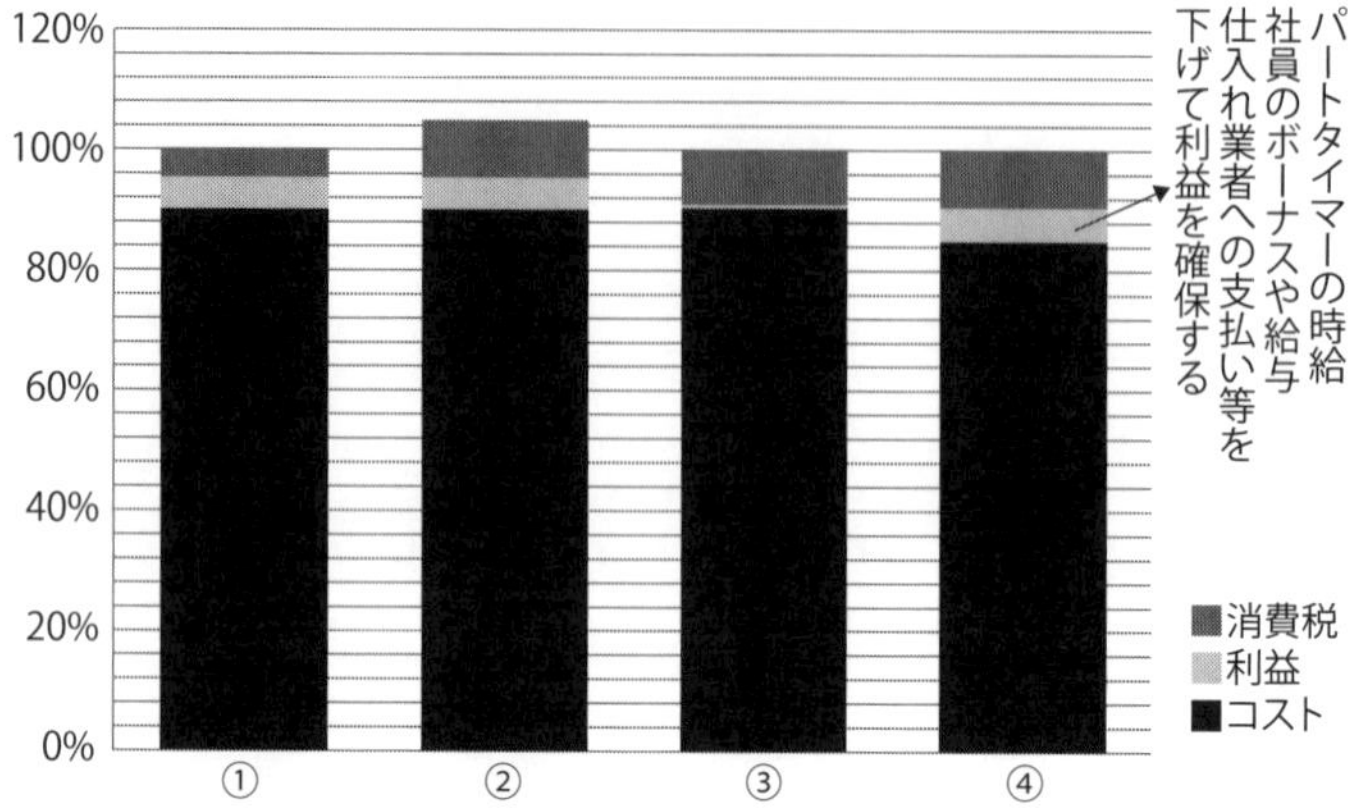

①現状（とりあえず利益が出ている場合）
②5%UPのあとを多くの人はこう捉えている
③しかし、他との競争上、あるいは元請ー下請の力関係上、増税分の値上げなど現実には許されない。または利益が出ないので潰れる
④より弱い立場の者に負担を押し付けることで生き延びるしかない

ですね。でも現実は、さっき言ったような競争とか下請け、元請けの関係で、上げられやしないわけですよ。で、③になる。

だけど、これだと利益がなくなっちゃいますね。それでは潰れてしまうので、企業としては何が何でも利益を確保しようとする。確保するには今までコストだったところを利益にするしかない。とすると何をするかといったら、従業員の人件費を下げるか、あるいは仕入れ業者への支払いを低くする。④になるわけです。

だから例えばみんなが大手スーパーの店長になったつもりで考えてもらえれば、すぐにわかってもらえると思うんですよ。僕なら消費税増税されたら必ずこう言うと思うんですね。「消費税率がこのほど五％引き上げられ、一〇％になりました。しかし私どもはお客様にそのようなご負担をいただくわけには参りません。私どもの企業努力でカバーさせていただきます」

そして、消費税還元セールとか、お値打ち価格キャンペーンを謳って、むしろ値下げをしますと。みんな値段というものに敏感になっていますから。事実、過去の消費税増税の時なんか、牛丼屋チェーンがやったんですね。それで吉野屋なんか大変なことになっていくわけですけど、値下げをする。お客、消費者はそれで喜んでくれるでしょう。

消費増税は人件費削減に拍車

斎藤　今、消費税増税反対六割とかの調査結果がありますが、その割に反対運動が盛り上がっているとはいえません。脱原発のデモと比べたら一目瞭然ですね。圧倒的多数の人々が消費税の仕組みを何も知らずに、とりあえず反対してみせているのにすぎないのではないかと思う。みんながあんまりピンと来てないのは、多分、そんなに小売価格は上がらないと何となくわかっている、生活者の本能でわかっていると思うんですよ。こんな不景気の時、そんな値上げされるわけないだろうって。事実たぶん、そんなに上がらない。だから消費者は喜ぶ。だけどこの舞台裏は、そのスーパーの中では、そのコストダウンをどうするか、パートタイマー、パートさんの時給を下げるとか、時給を下げただけじゃ足りないから、何だ、かんだと言ってタダ働きさせるとか、「名ばかり管理職」を作るとか、あるいは仕入れ先に増税分値上げした請求書を持ってきたら、お前、二度と来るなってやって競わせる。こうなるに決まっているんです。

僕はどうしても自分が自営業者だし、自営業者の倅だから、自営業の立場のことばかりまず考えちゃうんだけど、そこでも従業員はいたりするわけですよ。廃業させられればその人たちも失業するしかないんですよね。そっちまで話を拡げた場合に、これは要するに、弱いほう、弱いほうへ負担を押しつけるのが消費税の本質だと思うんです。つまり、サラリーマンや非正規を含めて勤労者の賃金を下げることを前提にした増税でしかないというふうに僕は考えているんです。

それってデフレじゃないかってことになるんだけど、むしろ意図的にデフレを作ろうとしているんじゃないかとさえ思う。つまりそのことが大企業の望む人件費の削減に通じるから。消費税増税が行われれば、おそらくどこの会社でも必ず人件費を下げるはずです。そういうふう

にしないと、よほどの価格支配力がある企業でなければ、確実に利益が削られるのです。人件費の削減も消費税増税の目的のひとつだと言ってもよいと思います。

植草　一般的に消費税というのは、納税者は事業者で、負担者は消費者という説明です。消費税分がすべて価格に乗せられて、その税金分が完全に価格に転嫁された品物が、その価格で販売されれば消費税の負担者は消費者になり、事業者は納税しても負担者にはなりません。しかし、いまのお話のケースで、例えば小売業者が販売価格に増税分を転嫁できない場合、消費者の負担が減って事業者が代わりに負担することになります。例えば増税額が一三・五兆円のとき、国民所得から一三・五兆円が抜かれることは確かなのですが、それを誰が負担するのかは明確でありません。建前上は消費者が負担者だとされますが、現実には零細事業者が負担をかぶるということが必ず起きてきます。消費者が負担者であるとの建前上の説明は事実ではないのです。

斎藤　全く事実でないですね。後で詳しくお話しますが、そもそも法律でそうなっているんです。

植草　そのときに、税で価格が上がる分は消費者の負担ですけれど、上がらない分は事業者の負担になります。これは消費税ではなく、零細事業者事業者税とか零細事業者法人税とかいう話になります。ここは名称を含めて事実に即して厳密に正区分を変える必要があると思います。零細事業者事業者税や零細事業者法人税は既存の事業税や法人税から差し引くべきです。赤字の場合には還付が必要です。

消費者に負担させる税金であるなら、価格が上がった分だけに限定して納税する仕組みにする必要があると思うんですが、売上額基準の納税額算定になると、事業者が自腹を切るか、従業員の給与を抑えることなどが生じます。

自腹を切るか、従業員の給与を切るか、それは力関係や考え方で決まってくると思います。大事なことは現実の事実を正確に捕捉することです。消費増税が実行されるのに事実を正確に捕捉する手法が導入されないと、一種の増税詐欺になってしまいますね。

消費税の「負担」者は誰だ——そのカラクリ

斎藤　まず消費税って言葉自体がインチキです。それはね、バリバリの増税論者の土居丈朗さんも認めてくれたんですよ。わざと国民が誤解するように仕向けたネーミングにしている。要するに消費税って名前だけで、みんな、消費者が全部負担してると思っているでしょう。だけど仕組みはヨーロッパの付加価値税と一緒で、原則あらゆる商品やサービスのすべての流通段階にかかるんです。小売の段階だけじゃない。せめて、付加価値税に名称変更するくらいの誠実さは見せてもらいたいと思うんだけど。

まずこれが大前提なんですが、消費税というのは消費税法で納税義務者が年間の売上高が一千万以上の事業者と決められている一方で、実際に税額を負担する「担税者」の決まりはないんです。誰が負担しても、させてもいい。だからどうしたって、力関係の弱いほうが負担することになる。

植草 これは政府の公式説明もそうなっているんですか。

斎藤 法律そのものに担税者という言葉が出てこない。

植草 書いてないですね。ただ、国会答弁等は……。

斎藤 そう、そこです。根拠らしきものがあるとしたら、消費税が導入された一九八九年当時に、税制改革法っていうのが出来たんです。その第一一条で「消費税を円滑かつ適正に転嫁するものとする」というふうに書いてある。そんなこと言われたって、実際の商売はそんな簡単じゃありませんからね。厳密に運用されなくても罰則もないわけだから、結局、転嫁してもいいし、しなくてもいい。逆に納税義務者でもない小さな事業者が消費税だと偽って便乗値上げするのもまったくOK。そこで、消費税が導入された翌年の九〇年、当時のサラリーマン新党の人たちが、東京と大阪で裁判を起こすんです。消費税は一部の人の益税となり、これは法の下の平等に反するから憲法違反だという裁判なんですが、簡単に負けてしまった。

そのときの判決の理由がふるっています。

——益税的な面は確かにありますね。でも、消費税というものは恣意的に取るものじゃなくて、価格の一部なんだ。益税があったとしても、それは価格に含まれているのだから、どの部分が消費税分かそうでないかなんてことはよくわからない。お客さんはお店との合意の上で買っているのであって、細かいことをいちいち消費税のせいにされても困る——っていう、こういう話なんです。

それは一面の真実でもあるわけで、ここがほんとに言葉で説明するのがややこしいんです。僕はここまで、転嫁できるとかできないとか言いましたけれども、帳簿の上では常に一〇〇％転嫁されていることになっているんですよ。つまり全部内税で「込み込み」で計算するんです。だから例えば、下請けが元請に消費税増税分の値上げを認めてもらえないというのは、その分の値引きを強いられたのと同じなんです。あくまでも本体価格の値引きを強いられたのであって、消費税はどこまでも残るんです。だからこれは全て転嫁されたことになっているんです。

図４　国税庁 HP より

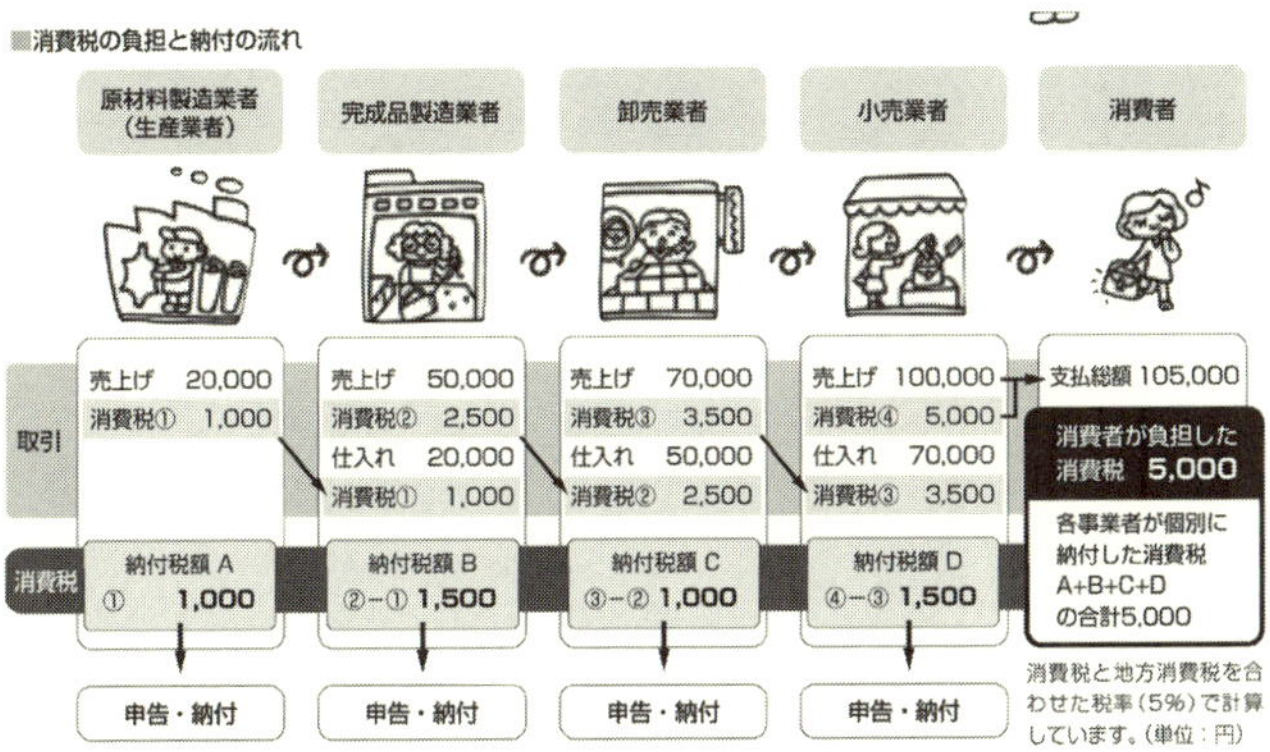

これは帳簿を見てもわからない。でも実際に商売をしてみれば一発でわかる。一個一個の取引を見て、そこでは泣いたか泣かないかということですから、それは半分主観でもあり、でも商売における実質なんですよね。

上の図は国税庁のホームページ（図４）なんですが、これがまた厄介です。全ての流通段階に消費税がかかるということを説明している。ハンドバックの例が挙げられていますが、皮革とか金具のメーカーさんが完成品のメーカーに売るときに、二万円の売上げだったら千円納税しましたと。完成品メーカーは問屋さんに流すときに千五百円、問屋さんは小売店に卸すときに千円、なんていうふうに計算していって――納税額は売上げ×消費税率ではなく、仕入れなどのために支払った形になっている消費税分を差し引いて割り出されます。これを、仕入れ税額控除といいます――各流通段階で納められた消費税を全部足すと、消費者が負担した消費税と同じ値段になりますと書いてあって、そう言われると消費者がみんな負担しているみたいに思わされるんだけど、でも、それぞれはそれぞれで負担しているわけだから、単に計算上で同じ額になるということと、全部消費者が負担していることは意味が違うんです。でも、あえて誤解するような書き方をしている。

植草 たぶん、現実に増税を実行した場合、一〇万円が一〇万五千円にならずに、一〇万三千円とか一〇万二千円にしかならないケースが出るでしょう。ところが、納税額の計算は売上金額の一〇%から仕入れ金額の一〇%を差し引くような形で行うから、消費税は最終的な売上金額の一〇%になります。ところが、販売価格が五%上がっていない場合には、消費税の負担は消費者ではなく事業者か、会社で働く従業員の給与削減によって賄われることになります。この意味で、消費税は消費者が負担する税という説明はやはり成り立たないですね。

斎藤 成り立ちません。それははっきり嘘だと断言していい。

ただ、時代によって状況は違います。導入したのは八九年でしょう。バブルの真っ盛りですから、あのときは基本的に値上げできる事業者も少なくなかったわけです。つまり力関係でいうと消費者のほうが弱いから負担させられた。消費者が負担させられた場合はその先がないから非常に単純なんですね。単純でわかりやすい。でも、あのときでも便乗値上げだって言われたりして、商店街ぐるみで「うちは消費税分値上げしません」なんていうのをよくやっていたでしょう。ああいう場合は事業者が自腹を切っていたんです。

また、あのころは免税点が現在のように年間売上高一千万円ではなくて、三千万円で区切られていましたから、それ以下の規模の事業者が価格に消費税分を乗っけたら、そこにはたしかに益税が発生しました。とはいえそうした事業者も、仕入れその他の必要経費には消費税分を多く支払ったりもしていたので、一般的に考えられている益税とはだいぶ異なる実態があるのですけれどね。

「権力のインナーサークルに入っていたい」

植草　ところでこの転嫁の問題、消費者の負担ではなく零細事業者やそこの従業員のところにしわ寄せが行くことが問題だということを言っているのは共産党だけですか？
斎藤　社民党も言ってくれていますが、イマイチ鈍い。社民党は勤労者のことは熱心なんだけど、事業者は票田ではないからあまり興味がないのかな。共産党は、中小零細の事業や自営業を民商なんかを通して票田にしていますから、自分の問題として捉えようとはしています。
植草　自民党はもともと商工会議所みたいなところが支援団体にありましたよね。今はあまり重視していないのかな。

斎藤　やっぱり新自由主義に基づく構造改革の過程でそっちは完全に切り捨ててますね。自民党に近い商工会議所だとか中小・零細の業界団体は、問題があることぐらい全部わかっているんですよ。僕は日本商工会議所の幹部に聞きましたけど、「でも、消費税増税に反対すると我々は共産党と同じ立場に立つことになって、権力のインナーサークルから外れてしまう。自分たちはあくまで内側にいたい。だからこれは賛成して、そのかわり後で補助金をいただきます」。あわれなもんですが、社会的には大迷惑。ますます利権だらけの世の中になってくるんですね。

植草　チェーンストア協会自身は特にいまは何も言ってないんですか?

斎藤　ですね。ただその、経団連の中でも、小売りとか食品のような生活に関わる部分産業は、消費者団体と連携して生団連（国民生活産業・消費者団体連合会）というのを組織して、デフレ下での消費税増税には反対という立場を打ち出してはいるようです。さっき言った大手スーパーの例でも、大きいところはそうやってカバーはできるけど、できればそんな面倒くさいことはしたくないものだから、一応はね。

植草　そのほか、軽減税率とか、必需品非課税、インボイスなどの問題。これらは納番との関連で反対ですか?

斎藤　僕はインボイスにも反対です。というのは、納税義務者が仕入れ税額控除を受ける関係で、インボイスで身元をあまりにもはっきりさせてしまうと、非課税事業者から誰も物を買ってくれなくなるからです。インボイスの導入はすなわち、非課税の一千万未満の事業者を潰すのと同義になってしまう。

植草　非課税事業者からの仕入れは仕入れ税額控除の対象に含まれないということですか?

斎藤　そういうことです。そこのところは益税もですが、はっきりしないところがかなりあります。やや大雑把というか、悪く言えばいい加減な部分があるおかげで、零細な事業が幸いして生き延びていられると言ってもいい。それが既得権益だからけしからんということであるなら、小さくて弱い事業者は社会のお荷物だから潰すんだと政府に宣言してもらわなくちゃならない。とすれば生存権の問題です。それにインボイスはなんと言っても納番の方向へ通じていくことになるでしょうね。

軽減税率の問題は、必ず全ての業界がうちの業界は軽減税率にしてくれと言い出すでしょう。ということは財務省が天下りのやり放題になるわけで、汚職だらけの世の中になるということです。

また、多様な商品を扱っている事業者は、個別の軽減税率の計算で、それにかかる手間、事務の手間だけでえらいことになります。小さいお店なんかは税金を払うために仕事をしているみたいな感じになるでしょう。

払えないから滞納が増える消費税

植草　仮りにですが、消費税のいまの流れを止められないという前提に立ったときに、それを是正するための方策は何になりますか。やはり申告による税の還付などの措置ということになりますか。

斎藤　そうですね。あり得るとしたら税の還付です。ただし納番を伴わない、あくまで自己申告によるものでなければならないという条件付きでの話ですが。

一番問題なのは、やはり例のサラリーマン税制と同様の、分断の構図です。僕は、サラリーマンとそれ以外の対立の構図がクロヨン論で作られたと言いましたが、消費税の問題で逆進性を強調する議論というのは消費者の負担――消費者が負担しているという前提で始まるわけですが――が大きくなり低所得者が大変だというのが主ですよね。それに対して事業者側は、そうじゃないと、俺たちが自腹を切っているんだという。ここでもいつの間にか消費者対事業者という構図が作られているわけです。だから消費者の立場と事業者の立場のどちらか一方だけを議論してもダメで、両方を一緒にして、要するにどういう場合であっても弱いほうが負担させられているんだよというのをまず言って、そのあと具体的な話として消費税の逆進性だとか事業者の自腹だとかいうふうに持っていかないと、これも徴税側の思う壺にはまってしまうと思うんですよ。

僕が消費税で許せないと感じているのは、よく、広く薄く公平でシンプルで安定的な税制だって財務省は説明します。広く薄くというのは――「薄く」は、五%が一〇%になったら薄くないけど――、広いというのはある程度は正しいですよね。これだけは認めてあげます。だけど公平なんかじゃ全くない。常に弱いほうが負担を強いられる。

シンプルかどうかって言ったら、全くシンプルじゃない。僕は消費税についての講演で一時間半とか二時間しゃべってようやくイロハのイを伝え終わるわけです。一冊本を書かなければわからないという……恐ろしく複雑です（笑）。特に思うのは、消費税は間接税だと言われていますが、でもそれぞれの定義を見たら、直接税というのは納税者と担税者が一致した場合ですよ。間接税は一致しない場合。だけどさっきから言っているような、自腹を切った場合は一致しちゃうわけですよね。だったらこれ事実上の直接税じゃないかと。百歩譲っても間接税であることもあるし直接税であることもある、としか言いようがない。そんなこともわからないぐらい難しい税制なのだから全然シンプルじゃない。

図5　国税庁HPより

新規発生滞納額の推移

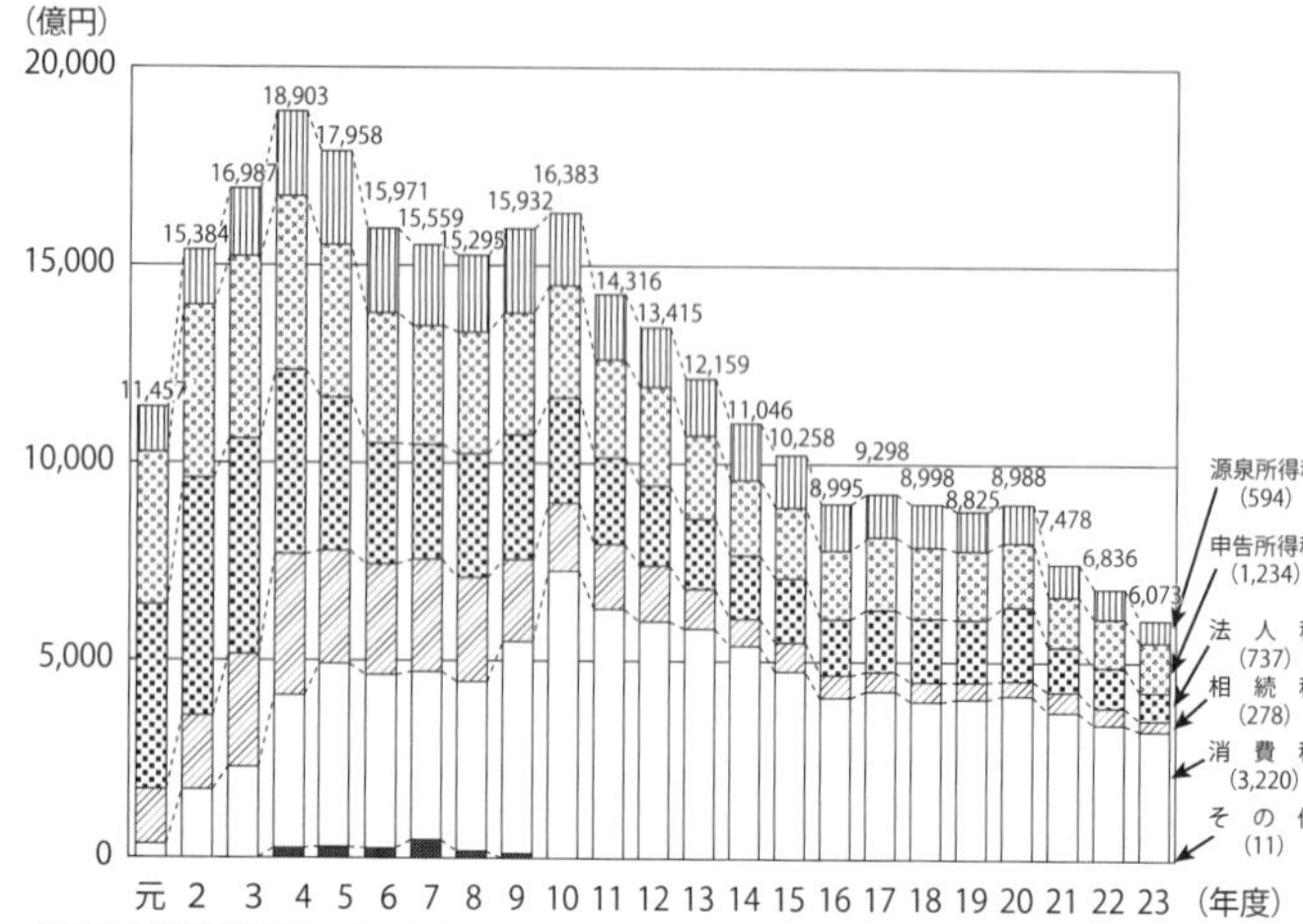

（注）地方消費税を除いています。

安定しているっていうのはね、徴税側にとって、というスタンスに限れば事実です。なぜなら景気変動に左右されません。納税義務者が赤字だろうが取引の数だけ税金が入ってくる。滞納する奴は不動産でも売掛金でも差し押さえて分捕っちまえばいいんだから安定しているけど、これは取られる側にとったら、全然、安定どころか潰されちゃうわけだから、安定していない。

これも国税庁の資料（図5）です。毎年発生する、新規発生滞納額ですが、いまだいたい全体の半分なんですね、消費税の滞納が。二〇〇九年がちょうど五〇％。二〇一〇年は四九・七％が消費税なんです。これは国会でも何度か問題になりましたが、その度に悪質な奴等が多いんだ、だからますます取り立てを厳しくしてやるぜという答弁ですまされる。だけどそれは――悪質な人もそれはいるでしょうけど――、国税収入に占めるウエイトと滞納の割合が同じぐらいというならわかりますけど、消費税のウエイトは二〇数％程度なんですからね。一方では法人税、所得税の滞納ははるかに少ないわけです。つまり消費税は仕組み自体に無理がありすぎるから、払うにも払えないから滞納が多いということでしょう。

「弱小勤労者税」、「弱小事業者税」、これは悪魔の税制だ

植草　景気との関係でいうと、まずこの主要税目別の税額推移のグラフ（本文45頁）を見ると、法人税が一九九〇年をピークとして六〇兆が四〇兆割れまで減るなかで、唯一例外的に右肩上がりのトレンドを辿っているのが消費税です。景気変動と税収の関係でいうと、所得税や法人税では、景気が良くなれば税収が増え、景気が悪いときには税収が減り、その税収の減少が景気を支える、いわゆる景気の自動調整機能が発揮されますが、消費税の場合には、不況でも安定的に税収が確保できるので、財政当局から見れば貴重な安定収入になります。

しかし、これを逆から見ると、財政がもつ景気自動調整機能が発揮されなくなるということ

です。不況の中で増税が行われると、力関係で、弱いところに余計負担が回ってくることになるでしょう。弱い者が狙い撃ちにされるということですよね。

これを正当化できる租税理論があれば消費税を正当化できるかもしれません。しかし、そんな理論は存在しません。実際には消費税を行うとき、値段が上がらない部分は零細な事業者か勤労者が負担することになるので、相対的に力の弱い人の負担になるでしょう。先ほども言いましたが、この場合には、消費税とは別に、「弱小勤労者税」とか「零細事業者税」などの（笑）別の名称を付けることが必要です。それが実態に即した税の名称ということです。

斎藤　そうです。ほんとに悪魔のような税制だと思います。要するに、弱いが故に余計取られるということなんですよ。しかもその構造が一筋縄ではいかなくて、わかっていない人たちがすごく多いです。税理士さんの中にも税務署の言い分をまるごと鵜呑みにしている人が少なくないぐらいです。たしかに計算上は転嫁できてることになっているから、やっぱり商売そのものを実感としてやらない限り理解できないんです。それが全て計算づくだったとしたら、このシステムを考えた人間は悪魔そのものだと思いますね。

「脱税の温床＝流通暗黒大陸」再編成という記憶

植草　結果的に弱小なところにしわ寄せが行き、生きていけなくなり倒産、廃業の方向に進むとして、これは弱肉強食＝適者生存の意図をもって進められている部分があるのでしょうか。そういう意図はないけれども、結果的にそうなってしまっているのか。その辺はどうでしょう。

斎藤　あんまり言うと陰謀論になっちゃうけど、僕は意図はあると思います。

実態は弱肉強食なんてものでもない。はるかに邪悪な、汚ならしい意図がね。大店法（大規模小売店舗立地法）のときなんかは、まだしも「イコールフィッティング」という建前があったじゃないですか。大手も中小も対等の立場で競争が行えるように基盤・条件を同一にする、という。とは言ってもホンネの部分はカネのある方をより有利にしようってだけの話なので、僕はそのロジック自体が気にくわないんだけど、でも消費税は「イコールフィッティング」どころじゃなくて、弱いほうにもっぱら負担を強いることを前提としています。

この点を財務省の人に言うと、そういう現実はたしかにあるでしょうと認めるんです。しかしそれは税金の問題じゃなくて、日本経済の二重構造の問題だと。役所でいえば公正取引委員会のマターだと言うんですね。我々は財務省・国税庁のフィールドで増税をするのだから、そんなものは我々の知ったことじゃない、ということになるらしい。学者の専門分野とか、役所の縄張りでいえばそれはそうだけど、中小零細ばかりがワリを食うのはわかりきっていることなんだから、政治家と官僚がそのまま放置するなんてことが許されていいはずがないじゃありませんか。

『消費税のカラクリ』を書いている最中、東大の財政学の教授で、財務省ご用達の井堀利宏さんと、インターネットテレビでご一緒したことがあります。そのときに僕はこうした論理でしゃべったわけです。すると井堀さんは、「いや、斎藤さんの言うような理屈で消費税増税してはいけないことになれば、我が国の生産性はいつまで経っても上がらないね」とおっしゃる。ってことはつまり、ちっちゃいところを潰すのが目的かよって、僕は唖然とした。

そういえば、と思い出したことがあります。僕は学生時代、商学部でマーケティング論の講義を受けたことがあるんですね。七〇年代後半、ちょうどスーパーが急成長して、GMSだとかコンビニエンスストアとかフランチャイズチェーンとか新しい業態がどんどん出来てきた時期です。僕が受講していたマーケティング論の先生は、そういう傾向を素晴らしいことなんだと持ち上げていた。なぜなら、これまでの我が国の流通業界というのは「流通暗黒大陸」と呼ばれていた。要するにパパママストアの類が多く、また、やたら問屋が、一次問屋、二次問屋、三次問屋といって非常に非効率的であったと。それを大資本がチェーン化することで再編成されるという話だったんです。

当時の僕は、よくわからなかったんだけど、なぜかすごく腹が立ったんです。暗黒大陸でも何でも、そこで働いている、そこで暮らしている人のことをそんな言い方があるかと。そう思ったのは、今にして思えば、僕が自営業者の、零細な鉄屑屋の子だからだったんだろうと思う。

でもその頃から通産省はそういう整理を進めていたし、大蔵省はそのパパママストアみたいなのを脱税の温床として捉えていた。だから全て大企業に再編成させて、失業させられたパパとママは首を括れとは言わないまでも、自分の商売を潰した大企業に雇ってもらい、養っていただけばいいじゃないかという発想をしていたということなんです。

植草　産業革命の時代、家内制手工業の職人が職を失い工場労働者に転換させられたなどと言われましたが、中小の零細流通業者などは全部淘汰して、大資本の労働者に転化させることが生産性向上をもたらすとのイメージが持たれているのでしょうか。

斎藤　そうですね。だから僕みたいなのはラッダイト。産業革命の頃の機械破壊運動みたいに、社会の進歩を妨げる者として扱われます。いずれにしても従来の流通業界は、大資本を通した間接統治がしにくい存在だったのは確かです。

他国の戦争にたかりまくった国、日本

植草　経済政策の課題として成長と分配ということをあげました。斎藤さんはこの二つの課題をどのように位置付けますか。

中国では太子党と呼ばれるグループと共青団と呼ばれるグループの二大勢力が対抗し、成長と分配のどちらに重心を置くのかが問われています。太子党はアメリカと近く成長重視、これに対して、分配の不平等に対する国民の憤懣が非常に高まるなかで共青団は分配の公正確保に重心を移そうとしているとも言われています。

斎藤　自分の価値観でいえば、成長一本槍というのは絶対に良くないと思うんですが、成長と分配という二項対立という問題でもないという気がしているんです。

成長がいけないわけではもちろんなくて、ただ、日本という国は、いろんな意味で経済成長をするには非常に厳しい条件にある。まず、国土が狭い、平地が少ない、資源がない、あえて事の善悪を抜きにして言えば、植民地も根こそぎ奪われた。それでも戦後これだけの経済成長をどうして遂げることができたのか、と考えたときに、一言で言うと無理に無理を重ねたということになると思うんです。例えば水俣病とかイタイイタイ病を始めとする、ああいう公害をほんとにどうしようもない段階になるまで放置してきたということ、個人としての尊厳を失った会社人間ばかりを育ててきた、そういう無理を重ねて何とか成長を遂げてきた。

僕が決定的に大きいと思うのは、とにかく、日本という国は戦争にたかりまくった国であるということです。何年か前、「〈戦争経済大国〉ニッポン」というルポを『月刊現代』に連載したときのことです。通産省のキャリア官僚OBに取材をしたのですが、高度成長が果たされた最大の要因は何かという質問に対して、二つあるって言うんですよ。一つはほとんどギャグなんだけど、「わが省の産業政策」(笑)。もう一つは「経済以外の要素です」と。「それは何ですか?」と聞くと「戦争です」って。

一つは朝鮮戦争です。あのとき当時の財界人たちが旱天《かんてん》の慈雨とか、神風とか、およそ恥知らずの凄いことをいろいろ言っています。僕は日本工業新聞にいたときに読んだ新日鉄の社史――八幡製鉄と富士製鉄のを合わせたのがあるんですが、そこにも、朝鮮戦争のおかげで我が社は大儲けをした、と威張って書いていましたね。他人《ひと》んちの戦争で荒稼ぎした恥部を自慢するなよって思ったことをよく覚えています。

もっと大きかったのはベトナム戦争です。これは朝鮮戦争のときの日本と同じような立場になった東南アジア諸国への輸出が、この間に激増するわけです。一九六〇年の対東南アジア向け機械輸出総額が、二億六〇一八万ドルでした。それが六五年だと五億五二八六万ドルになり、七一年だと一一億八三六八万ドルになるんですね。二億だったものがです。

対米輸出、北米市場にいたっては、六五年の七億七六六一万ドルが七一年には四五億九四七六万ドルに膨れ上がっています。ベトナム戦争で民生品が手薄になったアメリカのマーケットに、ヨーロッパよりはるかに安い日本の工業製品がどっと輸出された。アメリカ市場を完全にいただいたわけです。普通なら貿易摩擦になる段階でも、アメリカはいくらでも許してくれた。なにせ日本は最前線基地なわけですから。日本に冷たくしたら、もしかしたらソ連に行かれちゃうと思うから。それで経済成長を果たさせていただいたわけですよね。

僕は九条を守れという立場ではあるんだけれども、九条に守られながら戦争で食ってきた国だなあとも思うんですよ。これからもそうかもしれない。というか、今の段階で成長というときに、為政者や財界人が考えるのは、これまでの延長線上でしか考えていないような気がしてならないのです。

小泉政権の頃からしきりに、日米同盟が大事だと強調されるようになった。その根底には、そのアメリカが戦後ずうっとやってきたように、戦争で食うという国のあり方に日本も完全に同調していく、というのがあるのではないかと。安倍政権になると、「アメリカと我が国は価値観を共有している」という言い方までされ始めました。それは違うだろうって僕はすごく思うんですね。たしかに東西冷戦のときから西側陣営だったたし、アメリカとの関係はなかなか切っても切れないけれども、だからといって同じ価値観はないだろうと。片方はまがりなりにも九条があって形の上だけでも戦争を放棄している。向こうは戦争で食っていることをむしろ誇ってきた国じゃないかと。

そこら辺に何の疑問も持たずに、葛藤みたいなものが権力の側に全くなくなっちゃった。その後の米軍再編とか憲法改正論議というのはこの線に従って進んでいます。今の憲法はアメリカからの押しつけ憲法だから、独自の憲法で自立するんだって言うけれど、僕に言わせたら全く逆で、今の時点のアメリカさんは、昔押しつけた憲法のままだと邪魔だから、お前さっさと変えろって命令してきてるだけのことでしょ。アメリカの戦争に自衛隊が「属軍」として参加しやすい憲法にしてしまえという話でしかないんです。

何が自立なものですか。こんな下敷きのもとで経済成長を考えるかぎりにおいては、僕は絶対反対と言わざるを得ない。

ただ、その成長というのが、アメリカのコバンザメとしてではなく、例えば、脱原発・自然再生エネルギーの技術開発に向かったり、それをインフラ輸出をしていくとか、それこそ日本の技術力をもってすれば、それはかなりの程度可能性のある事業だと思うんですね。そういう独自の方向に向かうのであれば、成長を論じてもいい、いや、論じるべきだと思う。

さらに、これは先日もふれましたが、人々に「受忍」を強いない成長、ということも考えたい。この国はいつだって受忍論で通してきました。東京大空襲の損害賠償の裁判でも受忍論、戦争なんだからお前ら下々は耐えるのが当たり前だという話で切られた。嘉手納の爆音訴訟もそういう理屈で切られた。福島の原発でも、これは国側が一応責任は認めはしたけれども、個々の賠償を考えた場合は、受忍論が形を変えて出てくるでしょうね。

そう考えると、人々にやさしい、受忍を強いない成長であるかぎり、それは必ずしも十分な分配がなくても、そこそこみんな経済的な豊かさを追求できる、という考えも「あり」かもしれない。受忍を強いない成長ならば、分配はあと回しでもいいのかもしれないとも思うのです。

成長によりパイを拡充する道は可能か

植草　戦争と日本経済の成長という視点は非常に新鮮でした。たしかに朝鮮戦争はまさに戦後の復興期において極めて大きな影響がありましたが、ベトナム戦争も同様に大きな影響与えたというご指摘を聞いて、戦争と日本経済という視点で事実関係を洗い直す必要があると思いました。

アメリカは産軍複合体と言われます。一〇年、一五年に一度、かなり大きな戦争がないと経済がもたない構造になっているとも言われます。冷戦が終わり、戦争のタネを探すのに苦労しているのが現実でしょう。その中で日本のあり方が問われているのだと思います。孫崎亨さんの『戦後史の正体』は、外務省をはじめ日本の政治家の多くが、とにかくアメリカに付き従うことによって自分の利益を確保してきたことを明らかにされています。そのなかで日本の自主・独立を重視するリーダーがときどき登場して抵抗を試みるが、日本国内の対米従属派によって制圧されてきたことを記述されています。この流れはいまも大きくは変わっていないと思います。

憲法の問題も、憲法改正論者は押しつけ憲法だから変えろと言いますが、私は、押しつけでも押しつけでなくても、善い内容であれば善いし、悪い内容であれば変えればいい。それが幹の議論だと思います。ところが枝の議論が前面に出ている。

一九四七年は皮肉な年だったと思います。この年に戦争放棄の条文を持つ憲法が施行されたのですが、その直前にアメリカの外交政策、対日占領政策の方針が大転換し、アメリカは日本を再軍備の方向に誘導しはじめます。この憲法は出自において矛盾に満ちているのですね。私は日本国憲法前文にも善い記述が随所にあると思いますから、その善さを見落とした議論はすべきでないと思います。

成長について考えてみます。企業にとっての成長とは利潤の拡大です。利潤は経済のパイが増えることによって、あるいは、経済のパイのなかの取り分が拡大することによって増大します。一九九〇年代以降、アメリカではパイの拡大よりもパイのなかの取り分の拡大が重視されてきました。このことは、「BPR（ビジネス・プロセス・リエンジニアリング）」と表現されました。

ITが飛躍的に進歩したのでITを全面的に活用して、ビジネスモデルをゼロから組み立て直してみた。すると、いままで一〇人でやっていた仕事が二人でできるようになった。中間所得者層を形成していたホワイトカラーがパーソナルコンピュータとオペレーターに変わってしまった。ホワイトカラー労働者が不要になり、コンピュータとオペレーターに置き換えられました。こうした変革が急速に進んで、アメリカの資本の利潤率は回復し、株価は上がりました。他方で、中間層が全体として没落して、二極分解が進みました。これが九〇年代のアメリカです。

それが一〇年遅れで日本に急速に広がることになります。そこに登場したのが小泉・竹中政治で、労働市場の規制改革などといって、労働者の非正規化を後押しする政策を取りました。これがいま一番重要な分配の問題を生み出した核心部分でもあります。経済のグローバル化に伴う競争激化、経済の停滞、ＩＴの進歩という時代環境が分配の格差を拡げる方向に動くなかで、政府の政策がこれを抑制する方向にではなく、後押しする方向に動いたのです。その結果、日本は世界有数の格差社会に移行し、経済政策における分配の重要性が上昇したのです。

パイの取り分ではなく、パイ全体の拡大成長について、私たちは成長がもたらすマイナス面に厳しい目を向けなければいけないと思いますが、マイナスを生まずにパイが拡大するのであれば悪い話ではないと思います。

例えば、脱原発を方針として決めることの意味は大きいと思います。みなが知恵を出せば、大きく花開く可能性があります。太陽光、風力、水力、地熱などの枯渇しないエネルギー源からエネルギーを取り出す技術を高める。この分野で世界のリーダーになる意味は非常に大きいと思います。

人間の生活にはエネルギーが必要ですが、エネルギーの発掘とそれを活用した産業技術によって我々の生活水準が飛躍的に向上した現実があると思います。そのエネルギー源がいまは化石燃料とウランに限定されていますが、周辺の天然ガス、オイルシェール、メタンハイドレートなどが注目されています。しかし、こうした鉱物資源はアメリカやヨーロッパのごく少数の巨大資本が植民地時代の延長上に独占的に所有しているものです。こうした世界を支配する巨大資本は、彼らが独占所有しているエネルギー資源ではない、誰でも入手可能で永続性のあるエネルギー源からエネルギーを取り出す状況に人間の生活がシフトすることは悪夢です。そのために彼らはその方向に世界が向かわないように、さまざまな仕掛けをしてくるのだと思います。

再生可能エネルギーへのシフトに対して、直ちに非現実的だとする議論が出てくる背景には、このような事情があるのでしょう。私は、太陽光、風力、地熱、水力からエネルギーを取り出す潜在力は飛躍的に大きいのだと思っています。その技術を高める必要があると思います。

何のための、誰のための成長か

斎藤　僕は、成長の議論の大前提が必要だと思っています。何のために成長を目指すのかということです。基本的にみんなができるだけ幸せになるための成長、というのは大事な要素であり手段だと思うんです。だけど、特に構造改革が叫ばれ始めてから、成長それ自体が目的になってしまってはいないか。「何のために」という肝心の目的が失われた。あえて言えば「それは大資本の独占のために」、ということになっちゃっている。一九世紀か⁉って感じです。少なくともみんなが幸せになる手段としての成長というのでないと、成長自体を肯定できない。僕がこだわっているところです。

「頑張った人が報われる」といった竹中さん流の言い方も、ですから素直には受け入れられません。人間誰しも生まれてきた家庭も階層も地理的条件も違っているのに、まるで同じスタートラインから始まるような装いで、ただ「イコール・フィッティング」だってやっちゃえば、全部独占が勝つに決まっている。彼のロジックには非常に卑劣さを感じるんですよ。

ただ僕は竹中さんについては一度「文藝春秋」誌にルポを書いたことがあるので、彼の思考回路、なんとなくわかる気もします。

新自由主義なり構造改革なりが論じられる場合、持てる者がより強大な力を持つのはけしからんとか、ましてや世襲で引き継がれるとは何事かという批判が多いわけで、僕も全く同じ意見なのですが、竹中さん自身は決してそういう人じゃないです。

和歌山の下駄屋の倅で、ご実家にも行ってみたけど、けして裕福な家じゃなかった。田舎の秀才が、それこそ頑張って県立の優秀な高校に進み、普通であれば東大を出て大蔵省に入る、という人生コースを描いていたらしいんだけど、ちょうど東大の入試がない時だったんですよね。大学紛争が激しかった頃です。それで一橋大学に進学し、わざわざ大蔵省の天領みたいな日本開発銀行に入って、ほんとに下請けみたいにして働いて、その結果、大蔵省のエライさんに可愛がられて大学の教員に転じ、出世したというサクセス・ストーリーです。

彼が一つの典型です。前に話の出た本間正明さんにせよ誰にせよ、もともと家柄に恵まれていたわけではない学歴エリートが出世するには、お金持ちたちが言いたいけど言いにくいことを代弁することで引き上げていただくしかないのかな。最近の僕はそういうふうに考えては、この世の中の無情を感じるようになってきた。

要は、いま言われている成長論というのはどこまでも大資本の利益のためだけにあるものであって、けして社会全体のための成長ではない。さっきお話されてた大企業のパイの取り分の話は、まさしくその通りだと思います。ただ、このままではパイの全体が拡大しても、大企業に丸ごと持っていかれてしまうので、普通の人間にとってはほとんど意味がない。

その上で分配の問題です。新自由主義的に社会の上層、多国籍資本に富を集中してまず独占させて、その後でトリクルダウンで貧しい者におこぼれが行けばいいじゃないかという考え方は狂っていると思います。これは分配の方法論として、効率的かどうかという議論とは必ずしも一致しないかもしれません。僕は経済学者じゃないし、分配を「適正化」しておこぼれを受ける側の人間として思うのは、そんなことででかい面《ツラ》されたくないわけですよ。

日本は寄付の制度がちゃんとしていないと言われますけど、たとえしっかりしていても、寄付なんて僕はされたくないですね。「施してやったぜ」みたいな顔で見られるのは真っ平です。だからその辺は、誰のカネで世の中が回っているかというのは、できるだけわからないようにしてほしい。世の中を成立させているのはカネだけじゃない。額に汗して働く労働者、彼らを支える女性たち。大人の生き甲斐である子どもたちなんだから、それが当たり前じゃないか。むしろ最初から、アファーマティブな、というか、弱い側をむしろ優遇するような社会のあり方が構想されるべきだと考えています。

「頑張ったから報われた」のか「上手くやったから」なのか

植草　社会のあり方というレベルでいえば、いびつな成長によって排除された、あるいはたまたまハンディを持った人たちに対して、日本国憲法は生存権という形で「健康で文化的な最低限度の生活を営む権利」を保障することになっています。ぜんぜん実現されていませんけれど。でも、私たちの当面の最低限の実現目標としてこれをかかげていくべきでしょう。

成長とはパイを拡げる話なので、一人ずつ均等に分配するのであれば、パイが大きくなれば比例的に一人の分配量も増えるので、パイが増えること自体は悪いことではないんです。ただ、いま言われている成長論というのは、特定少数の利潤を増大させるための成長で、その代わり大多数の庶民にはもっと泣いてもらうのが好ましいという意味が含まれています。これは大間違いだと思うんです。どこかの国を搾取してパイを拡大する、環境を犠牲にして利益を得るなどの行動があってはならない。マイナスを生まずにプラスを生み出す成長があればいいと思います。

竹中さんは「頑張った人が報われる社会」といっていました。通常の日本語の意味で、頑張った人が報われるのであれば間違いではないと思うんです。悪い話じゃない。ところが、竹中さんが言う「頑張った人が報われる」というのは、例えば、金融の分野で大儲けをする。で、会社を上場させて、株式を分割して、株価を吊り上げて錬金術のように巨大な不労所得を得る。これを竹中さんは「頑張った人」と呼んだわけです。これは、「頑張った」のではなく、「うまいことをやった」にすぎません。「うまいこと」をやるために、法律の抜け穴をくぐってきているかも知れません。

機会の均等という話があります。でも、生まれたときの状況にものすごい格差があるのが実態です。事業をするにしても資本力があるかないかによって競争条件はまったく違います。現実には、同じ土俵で、同じスタートラインから競争しているわけではない。スタートの段階でゴールの一歩手前にいる人と一生走っていてもゴールにたどり着かない人が競争する現実に、機会の均等はありません。競争条件の違いが歴然とするなかで、「頑張った」、「頑張らなかった」が生み出す差はほとんどゼロに近い。

競争が大事だということを言うなら、同じところからみながスタートするのでないとおかしい。ところが、スタート地点の格差は放置されたまま。そうなると結果としての不平等、格差は広がるばかりです。頑張ったかどうかではない、スタートの位置という別の要因で結果の格差が生まれているのです。

企業の中の分配で言えば、カルロス・ゴーンさんが九億円も報酬をもらっているとか言われています。企業が産みだしたパイをどう分け合うか。ここには必ず人為的判断が入ります。役員報酬が、特定の算式からただ一通りに出てくるわけではありません。でも企業の中での分配を決めるための基準をどのように設定するのかという問題がこれからますます重要になります。

民間企業の分配に公権力は原則として介入しませんが、政府が分配のルールを定めることは可能です。正規と非正規の差別を禁止する、最低賃金を決めるなどの措置は政府が決定できるわけです。一方、企業内の分配、労働者と経営者の所得格差、役員報酬、株主への配当をどのように決めるかを、全体を見直して考える必要があると思います。新自由主義の流れを民間部門で放置すると、格差はさらに拡大します。企業が労働者を消耗品として扱うことを許してはならないのです。現在の時代環境を踏まえると、分配および再分配における政府の役割は飛躍的に大きくなっていることを強調しなければなりません。

成長論が分配の格差容認論とセットになってしまっていることが、現代日本の一番の問題じゃないかなと思います。

「逆ギレ・ルサンチマン」か？

斎藤　まったく同感です。極論かもしれませんが、一九世紀の資本主義に逆戻りしている感さえある。それを「新」とか言うからややこしいんだけど。やっていることは単に先祖がえりというか、原始時代に向って退行しているというか。東西冷戦が終わって資本主義の一人勝ちだからっていうので、もう資本主義の負の部分が配慮されることが全くないというのが現状なんじゃないですかね。

スタートラインの話、僕も植草さんと同じような指摘をずいぶんしてきました。構造改革のキーワードが「競争」だというんならスタートラインは同じでなければいかんのです。二人の青年がいたとする。一人は物心ついたら両親が死んでいて施設で育った。中学を出たら働かなきゃいけないし、中卒で働いたっていまやフリーターの非正規しかできやしないのが現実だ。もう一人は、お父さんが外務大臣で、お爺さんが総理で、大伯父さんまで総理でしたという青年です。この二人が競争なんかできるわけがないじゃないですか。百メートル競争でいえば、一方は百メートルよりさらに百メートル後ろからスタートして、一方は九九メートルの時点からスタートさせてもらえているわけですよ。

それでも競争だというからには、できるだけスタートラインの差を縮めてあげるのが政治の役割でしょ。そもそものスタートラインの差をまるで存在しないかのように無視して、ただ構造改革だというのは、積極的に格差を拡げようとしただけではないのか、ってね。

教育改革は特にそうだったと思います。百メートル後ろからのスタートを強いられている子が最初から努力しようとはなかなか思えないですから。その段階で、三浦朱門氏によれば、もう、お前は非才・無才なんだから習熟度別クラスの「下」に行けや、となる。習熟度別クラスという考え全体を僕は否定するわけではありません。勉強があまり得意でない子に手をかけて基本を教えてあげられる環境整備は必要です。しかし、現状はもともとの目的がそうじゃない。

エリートを伸ばすためにノンエリートに身の程をわきまえさせ、あるいは切り捨てるための習熟度別クラスです。結局、教育改革によって恵まれない子はさらにスポイルされているだけに終わっていると思うんですね。もともと百メートル後ろだった子は、構造改革によって一キロ後ろにされちゃったんです。こっちの子は九九メートルもらっていたのを、九九センチもらって一センチだけ走ればいい、とされた。で、「よーいドン」で、当然一センチのほうが勝つから、勝ち組、負け組にきれいにわかれる。あとは負けたお前の自己責任ね、というのが構造改革の神髄だと僕は思います。

それは、結果的にそうなっちゃったというよりは、むしろそうなることこそ目的だったと感じている。いわゆる戦後民主主義の中で、みんな平等なんだよという建前程度はある時代がそれなりに続きました。それに対して、特に、農地解放で土地を奪われた元大地主様の子孫たちというのは、何かね……僕は「逆ギレ・ルサンチマン」と呼んでいるんですけど(笑)、平等という考え方自体を憎む思いをずっと抱いていたんじゃないかと。

僕は『機会不平等』の取材のとき、それまでだったら考えられないような対応をずいぶんされたんですよ。むかし、僕が記者になった頃の新日鉄とか日本鋼管の社長って、何か話の接ぎ穂で「いやぁうちは鉄屑屋なんですよ」みたいなことを言うと、「ああ、じゃあ我が社と取引があったかもしれませんな」ぐらいの社交辞令は言ってくれたわけ。ウチがそんな大手と取引なんかできたはずないんだけど（笑）。だけど、今の経営者たちはね、そんなことを言おうものなら、何でお前みたいな下層の人間が俺の前にいるの、みたいな態度を平気でとりたがるんですよ。何か勝ち誇ったような。ほら、ジョージ・オーウェルの『動物農場』のナポレオンっていう名前の豚みたいな印象をすごく受ける。

パイの分配より「食い尽くそう」という貪欲

斎藤　竹中さんが言う「頑張ったら報われる」の話。若い人が起業して頑張って運もよければ報われるか。でも、消費税が増税されたら、それももう無理ですよ。もうベンチャー企業は起こりません。だって、アパートの一室やガレージで始めた頃は良くても、年商が一千万を超えたら余計に税金取られるわけだから、そこから先のブレイクスルーっていうのは、それこそ詐欺みたいな仕事でないかぎり無理。どうもその辺のエネルギーは社内ベンチャーでまかなおうとしているみたいなんだけど、社内ベンチャーはベンチャーじゃありませんからね。むしろ実態はそんなベンチャーの部分までを、大企業が独占しようとしているということです。

パイの分配ということでもう一言だけ。今の大きな流れは、国内ではパイを拡げようとしているんじゃなくて、小さくなったパイの食い合いというか、下々が辛うじて確保していたパイの分まで巨大資本が食っちゃおうという話になっていると思う。たしかに本来はおっしゃるとおりで、新自由主義が進んできたら公共セクターの分配機能というのがより重要になるはずなんだけど、政治家や官僚たちはそれを放棄してしまってますよね。放棄どころか、巨大資本とその政府が一体化して、自分たちだけに分配しようと躍起になっている。

アルゼンチン出身の社会学者でサスキア・サッセンという人が言うには、政府が資本の信認官になっていると。信用を与える機能だけになり下ってしまっている。結局、政府と資本の一体化によって資本にとっての自由が無限に広がった一方で、一般大衆にとってはこれをチェックする機能がどこにもないような仕組みができあがったのだという気がします。

分配を考えるときというのは、社会保障の有り様というのが当然議論されなければいけないんでしょうけれども、現実はその議論のはるか以前の段階、一九世紀まで戻っちゃったので、さあ、どうしましょうか。これから短い間にロシア革命のビフォーアフターを一挙に凝縮して再現しなければならないのかなという（苦笑）そういう感覚ですね。

植草　「頑張った人が報われる」という話ですが、世の中で本当に頑張っている人はいくらでもいます。ラーメン屋を経営して、汗にまみれて朝から晩まで働いて、年収がいくらになるのかという話です。大企業は正社員を一握りしか採用せず、大多数の若者がフリーターになって年収が二〇〇万に届かない。この人たちが一千万人いる。懸命に働いているのにそこから抜け出すことができない。これを「頑張った人が報われない社会」と言うんです。「頑張った人が報われていない」現実を放置して、きわどいことをやって億万長者が生まれることを「頑張った人が報われる社会」だと絶賛した竹中さんの感覚が、いかれてしまっていたのだと思います。

小泉政権の弱肉強食奨励に対して、二〇〇九年の政権交代では共生重視に力点が置かれたはずですが、民主党の中に小泉・竹中流の新自由主義をベースに置く人たちが潜伏していて二〇一〇年六月にクーデターで権力を奪ってしまいました。ですから、現状では、共生重視やセーフティネット強化を主張する国会議員の数が少なくなってしまいました。また、共生重視、セーフティネット重視を提唱する政治勢力が多数の政党に分かれているので、非常に危険です。次の選挙の結果によりますが、民自公大政翼賛勢力が多数を維持すると日本は新自由主義に突き進むことになります。格差はさらに広がり、殺伐とした荒れ地のような国になってしまうでしょう。アメリカは共生重視の勢力を消し去りたいのだと思います。

先ほどの競争の例えで言えば、生まれたときにゴールを切っている人と、一生かかってもスタートにすらたどり着けない人を競争させて、「頑張った人が報われる社会」だと宣伝されることになりかねません。

斎藤　なるほど、僕はずいぶん甘かった。

自由主義はいいけれど「選択肢」がなくなってきた

植草　目指す社会のイメージですが、いわゆる社会主義の社会と、北欧の福祉社会があります。最低ラインを引き上げてみながそれなりに豊かになろうというとき、この二つのモデルをどう考えますか。基本は同じものなのか、それとも大きな違いがあるのか。社会主義といっても中国は格差社会の先進国だからモデルにならない。キューバなどのイメージでしょうか。キューバはむしろ北欧に近いのでしょうか。この辺りをどう思われますか？

斎藤　そうですね。旧ソ連みたいなのがいいとはとても思えないし、今の中国は、僕は政府と資本が一体になりつつある日本のさらに上を行く、一党独裁の資本主義だと思っています。だからそういうふうな言い方をすればまだしも北欧ということになるんでしょうかね。僕は社会主義だとか共産主義にしたいとは全く思っていません。自由主義が望ましいと思っています。

ただ、誰にとっての自由かということが大切です。僕は一人ひとりが自由であるべきだと思うんです。でも、今の日本には巨大資本の自由というのはもう幾らでもあるんだけど、その利害と直接には関係のない人間の自由というのは限りなくゼロに近い。いえ、消費の自由だけは横溢してますよ。サラ金地獄に陥らされるリスクも込みですけど。それは必ずしも国家権力によって押さえつけられて自由がなくなっているというのではない。というよりは選択肢がひとつしかないという不自由です。他のことをやる自由はない。

非正規が増えて来た頃は、フリーターなんていうのはむしろ良い意味で使われ言葉だったわけです。正社員にもなれる人が「でも俺は縛られるのが嫌だから」フリーターがいいよって、これならたしかに選択肢ですが、僕はちょっと違和感があった。というのは、実際には正社員なんかなろうと思ってもなれなくなりつつあったわけですから。

これをパソナの人なんかは働く選択肢が増えたと形容したがるわけですが、全然そうじゃなくて、例えば食堂に行ってね、前はラーメンかチャーハンしか食えなかったが、それが二〇〇個ぐらいのメニューになったんだけど、ラーメン以外はみんな一万円すると（笑）。そうしたらこれは普通の人にとっては選択肢が一個になっただけ……そういうのとどこがどう違うのかと思う。

企業内部における分配の問題。僕はこれは程度問題としか言いようがない気がします。戦後民主主義の頃というのは、よく言われたのは社長と平社員が同じ食堂で飯を食うとか、給料の差が一〇倍もないとか、それが良かったかどうかというのはちょっと疑問で、あの頃よりは少しぐらい差を付けてもいいんじゃないかとは思います。

僕の直接の思い出では、日本工業新聞の時代、大手鉄鋼メーカーの子会社——といっても堂々たる一部上場企業なのですが——の社長の家に夜回りに行ったことがありました。その方は親会社の専務から天下った人なんだけど、すごいチャチな家なんですよね。で、そんな気持ちが顔に表れたのか(笑)、「斎藤君、驚いただろう。これは私が課長のときに住んでいた社宅をそのまま買ったんだ」。もう亡くなってしまわれましたが、それはきっと内心ではいろいろな葛藤があったのでしょうけれども、いつも社員の生活を気にかけておられる、立派な社長さんでした。現在の大企業での下っ端は食うや食わず、トップは何億というのは、絶対におかしいと思う。「ほどほどにやる」しかないんじゃないでしょうか。

「消費税増税＝社会保障の充実」の隠された意味

植草　政府による再分配をどうするかという問題、どう思いますか。財政を通じてそれをやるとすると、支出政策でやるのか、それとも調達側の税でやるのか、二つあると思いますけれども、それぞれの位置づけと具体的な方法について何かお考えはありますか。

斎藤　僕は税制というのは一国の価値観の表現だとも考えているんです。それでいけば今の日本の税制というのは、はっきり新自由主義というか、富める者をより太らせ、そうでない者は単なる金ヅル&安い労働力でしかないというイデオロギーが、見事なまでに貫かれてしまっているんだと思います。所得税の累進のあまりの緩さと、宣伝では「高い」と言われながら、租税特別措置をはじめとする各種の大企業優遇を考えれば実質的には「低い」法人税の対比を考えてもはっきりしています。その上に消費税増税までかぶさったら自営業者のような貧乏人は目も当てられない。

三党合意された社会保障制度改革推進法案について日弁連の会長名で抗議声明を出しているんですが、担当の弁護士さんにその解説をしてもらったんですよ。消費税を増税してそれを社会保障に使うっていう説明がどれほど嘘だったかがよくわかった。あまりに酷くて恐ろしくて驚きます。

要するに社会保障は完全に自助、共助でいきますと。公助は後回し。全部自己責任。社会保障を充実してほしいということは消費税を上げるということとイコールになっちゃう仕組みなんです。

ですから、これから消費税を上げるぞと言われたときに「イヤだ」と抵抗したら、社会保障はなくてもいいです、というのと同じになってしまうというわけです。つまり、消費税増税で負担するのは大変だから反対する人というのは、自ら自分の社会保障は減らすことに合意することになってしまうという、このメカニズムに組み込まれてしまうというんです。いくらなんでも異常にすぎないか。

あれだけ社会保障、社会保障と言っておいて、出て来たらこれですから、全く百％嘘だったということになっちゃうわけでしょう。

植草 いまの財政構造でいうと、財政支出の中に国債費や地方交付税などいろいろあります。そのひとつに社会保障関係費があります。これが非常に大きい。ですから、消費税収が社会保障関係支出より小さければ、「消費税は全額社会保障支出にだけ充当する」と言うことができます。一種の言葉遊び、レトリック、ごまかしです。

これを逆転させて、こんどは社会保障の支出は消費税からしかまかなってはいけないと限定すると、他の財源を社会保障に回せなくなる。つまり、消費税を増税しないと社会保障支出を増やせないという話にすり替えられてしまう。社会保障制度改革推進法には、このように解釈し得る条文が入っているということですか?

斎藤 入っています。

植草 そうですか。それはとんでもないことですね。

斎藤 とんでもないと思います。

植草　本来的には目的税というのは特定の税の支出対象を限定するもので、支出対象の財源を特定の税に限定するものではありません。この税は必ず社会保障に充てるというのが目的税であって、社会保障には消費税以外の財源を使ってはいけないという意味はないはずです。

斎藤　限定するとまでは言い切っていません。

植草　財源の種類を限定する意味はないですね。

斎藤　だけどこの弁護士さんたちはそういう解釈をしていましたね。

植草　そうですか。

斎藤　僕もそれはその通りだなと思いました。そもそも公平でも何でもない、卑劣きわまりない税制なのですから、議論の前提からして大嘘なんだけどね。

植草　目的税論議に関連してよく国会論議であるのが、「消費増税の税収は全額社会保障に充てます」というものです。野田さんがよく口にする言葉です。これがまた、ペテン師言葉なのです。増税した金額は社会保障に充てるけれども、いままで、社会保障に充てていたお金を別の費目に振り替えることを禁止していないんです。

サークルの会費を値上げして、値上げした分は全額おやつ代に充てると言われて、おやつ代が増えるのかと思ったら、まったく増えない。どういうことか聞いたら、いままでおやつ代に充てていたお金を別の支払いに回したという話です。消費増税しても社会保障の支出を増やすのではないのです。

斎藤　お金に色はついていませんからね。わかりきった話ではあります。

植草　それは一種の詭弁だなと思っていたんです。

斎藤　何もかもが嘘。政治も行政も悪徳商法みたいになってしまいました。

消費税に頼るのは最後にすべき

植草　国民の生活が第一やみんなの党などは、増税の前にやるべきことがあるって言っています。これに対して共産党はやるべきことをやれば消費増税は要らない、と言っています。これは法人税や所得税を増税するということなのでしょうか。

斎藤　そうですね。僕はやるべきことをやったら増税の必要がなくなるかどうかというのは数字の問題だと思っているので、そう言い切れる程の根拠はないんですが、どんなことがあろうが、消費税率の引き上げというのは一番最後でなければいけないと思っています。

増税の前にやることっていうのは植草さんがおしゃっているように、シロアリ退治だとかそういうのも当然あるわけだけですが、そういうことを全てやって、かつ増税が必要な場合というのは、出てくるかもしれない。それでも消費税は一番最後。まずやるべきは所得税の累進の強化、再強化。法人税の……僕に言わせれば適正化ですよね。今みたいに抜け道だらけで、実際は海外に行っちゃえばいくら高かろうが関係ないみたいなものをどうにかするとか、こういう欺瞞というか嘘をきちんと正すこと。

あるいはメガバンク、三メガ〔三菱ＵＦＪ、みずほ、三井住友の各フィナンシャル・グループの総称〕がずっと無税でしたよね、最近払うことになったそうだけど、実際にはあれだけ荒稼ぎしているのですから、もっと過去に遡って取ったっていいと思うし。それと、僕は宗教法人課税というのをきちんと議論すべきだと思います。ちっちゃいお寺だとか神社などおしなべて課税しちゃったらまずいと思いますが、でもやっぱり創価学会だとかね。宗教法人だと認定されることが大儲けにつながっているような状況は正す必要があると思います。

これは政治利権そのものだし、天皇制につながっちゃうんだろうから、簡単ではないでしょうけど。でもね、ウチは都内の三流住宅地で、周りは一軒家が多いんですが、その大部分は借地の上に上物を建てている。地主は地元の神社です。街のほとんどが寺社のもの、なんていうところは日本中の至るところにあります。宗教法人の土地は非課税ではないものの、一般の固定資産税よりははるかに優遇されているといいますね。こういうのもまともに課税したら他の税金なんか要らないんじゃないかとさえ考えることがありますよ。

【第三日】（二〇一二・七・三〇　於東京）

恐るべし、増税後の世界

——まだある潰すチャンス

《編集部》消費税増税法は、現在の大政翼賛的国会では、解散でもない限り八月から九月にかけて成立してしまうのでは、と思われます。このままずるずると押されっぱなしというのは何としても腹立たしい。そう思っている人は多いと思います。どうしてこんな状況になってしまったのか。多くの方が、メディアが悪い役割を果たしている、と言ってますが、これを打開する途はないのでしょうか。

また、民・自・公の大政翼賛勢力にはすぐには敵わないとしても、せめて、国民の生活が第一、社民、共産、新党大地、新党きずななどの党が力を合わせることはできないのか。斎藤さんも植草さんもそれぞれ「少数派」「異端」とされる体験をお持ちだと思います。そういう方々こそが、こうした難局に対峙する考え方、もっといえば、思想を語ってほしいのです。まだ潰すチャンスはありますよね。

「消費税なし」にしたときの財源調達の途は?

植草　現在、財政をまかなう財源として、消費税に中心的な役割を与えようということで進んでいますが、もしこれを否定する場合に、現行の税制の中でどんなものが考えられますか。いわゆる富裕税のようなもので固定資産税というものがあります。これは時価換算にして保有不動産の一％程度の負担を不動産所有者に課すというものらしい。これを不動産のような固定資産だけではなしに、金融資産に対しても、例えば一％の税率を掛ける金融資産課税のようなものを検討してもいいのではないかという気もします。こうした富裕税についてはどうお考えですか。

斎藤　富裕税はぜひ導入すべきでしょう。大地主に対しては固定資産税の拡大も必要だと思うし、相続税もそうだと思います。相続税は最近、拡大の方向だというんですが、現実には「下」に拡げているだけなんじゃないですか。今までだったら相続税を払わないで済んできた人のほうに拡げているだけで、「下」からむしろ取ろうとする。この方向ではなく、とんでもない億万長者の人からもっと取るという方向に向かわないといけない。

金融資産課税ですが、例えば証券取引税。これはずっと時限立法的な措置で減税され、それがずるずるとなし崩しに延長されてきました。その減税を止めるというと、「金持ちがみんな日本から逃げていくぞ」みたいな恫喝のような反論が出てくる。あり得ないとは言い切れないでしょうが、それにしても今の水準は低すぎます。これを適正な元の水準に戻すことは必要です。この種の恫喝がいつもいつも通るようだと、お金持ちには逆らうなというのが世の中のルールになってしまう。まともに負担しない金持ちなんか邪魔なだけなんだから、どこへなりと出て行ってくれても構わないんじゃないかと僕は思いますけどね。もっとも親の七光りだけでやってきた人間が海外で通用するはずもないので、どうせ小手先の資産移転でしょうが、そんな奴らに愛国心がどうのこうのと言われる筋合いじゃないぜという議論が浮上して、今よりはうっとうしくなくなるかもしれないし。

他の税制とやっぱり全部絡んできますが、一番、僕が、この日本の財務省でも自民党でも民主党でも、一切信じられないのは、不公平税制を正すためには納税者番号制だって言いますよね。彼らが言う不公平税制っていうのはクロヨンのことばっかりなんだけど、それはお話したように多分に誤解であり、ためにする議論でしかないのですが、百歩譲って不公平税制を正すための納税者番号というお題目を素直に受け止めたとしても、総合課税でなければ意味がない。だけど、今の納税者番号の話って総合課税と全然関係ないですよ。関係ないというか、そのことが議論された試しがない。

だから納税者番号を導入というときに、どんな屁理屈をつけようが、それは、本当の意味で不公平税制を正す意図なんか全くないと、僕は断言していいと思う。親譲りの資産のあるサラリーマンも含めて、大金持ちはいくらでも逃れる道がちゃんと残されているんだもの。納番をどうしてもやりたいんだったら、最低限、総合課税が前面に出てくる……そうでなければ議論にも乗れませんね。

とにかく富裕税の新設や所得税の累進強化が最優先です。そこから先はもうちょっと詰めた議論が必要なんでしょうけれども、少なくとも、いま不当に下げすぎている部分は適正にしていくべきと思います。現状では、あらゆる意味で富裕層はむしろ税金の治外法権にされているような実態があるのですから。

消費税に頼らない財源の基本的な問題は、応能負担でいくべきだということです。応能負担の原則で、仮りに財源が本当に足りないんであれば、消費税以外の増税税目というのが決まってくる。先日も申し上げましたが、それは所得税の累進の強化であり、法人税の適正化であり、例のメガバンクみたいなところからとる。年金生活者がもとはと言えば自分のお金なのに年金にも課税されているのと比べれば、どれほど理不尽なのかがわかります。彼らは公的資金を注入されながら税金は取られないみたいなアホなことになっている。彼らは無茶苦茶儲けまくったわけですから、そういうところからしっかり取ると。それと宗教法人課税を適切に行う。大雑把にいうとこんなメニューが考えられると思います。

消費税は、まさにその応能負担とは正反対であり、応不能負担原則みたいになっちゃっている。新自由主義イデオロギーの下で消費税を基幹税にするということは、弱いものいじめを社会の規範にするということです。能力がないところに課税をして、無理矢理頑張らせて払わせるか、でなければ、かろうじて持っている資産を売り飛ばさせて払わせるか、全部差し押さえるか……まさに強盗そのものの税制なのが現状だと思いますね。それの反対を行くべきだと思います。

応能原則というより応益原則が現実

植草　経済思潮、経済に関する考え方については、右に左に揺れる振り子のようなところがありますね。八〇年代にレーガン、サッチャー、中曽根ラインが登場しての規制緩和路線、自由主義的な色彩が色濃くなりました。日本では二〇〇〇年代に入ってから小泉政権が登場して、市場原理主義と呼ばれる自由主義的な思潮が拡がった。その歪《ひず》みのひとつとして二〇〇八年末には年越し派遣村のような事態が表面化し、人々のあいだにこれでいいのかという見直しの気運が高まりました。

それでも、最近の大阪維新の会がもてはやされる風潮などを見ると、いまなお、どちらかといえば、市場原理主義的な方向に振り子が振れているのかもしれない。メディアが煽っているという側面も強いと思いますが、一般市民が同調している面も否定し切れない感じがします。

日本国憲法は財産権を保障しており、竹中さんの「頑張った人が報われる社会」という言葉が、その意味するところとは離れて、一般の人に気分として受け入れられるところがある。競争の結果の優勝劣敗についてはそれを容認して、勝った人はその果実を堪能する社会を容認、あるいは奨励する空気ですね。これを税制に置き換えると応能原則ではなく、応益原則が強調されるようになります。

私自身は社会のあり方として、みなが自分の目標に向かって頑張るのは悪いことではないと思っています。しかし、競争条件がいびつな現状では、条件に恵まれた人が有利ですから、結果としての分配について、格差を是正し、なおかつ、最低限の水準をしっかりと保障する状況を生み出すことが必要だと考えています。そのためには、応能負担の原則を軸にした全体像を描かないといけないと思います。

ところがこの主張はいまの社会の中でなかなかメインストリームになってこない感じがします。一般市民の本当の心の中にまで入っていけば、多分、マジョリティを取れるんじゃないかと思うんですが。この点をどう考えますか。それから、世論の大勢を変えることは可能なのか、変えることができるとすれば何か必要なんでしょうか。

サラリーマン税制は人々から「思考」することを奪った

斎藤　うーん。サラリーマン税制があるかぎりダメでしょうね。やっぱりあれでほんとに何も考えられなくなっちゃって、それがもう七〇年近くも続いていると、もう立ち直れないんじゃないかと思うんだけど（苦笑）。もしも変わる可能性があるとしたら、サラリーマン税制を崩し得た場合だけじゃないかと思います。みんなが出来るだけ幸せになるためには、一番先に手をつけなくてはならないことですよ。この制度のおかげで、日本国民は自分たちの税金の使われ方に無関心です。もっともらしく映る主張にも、だからとんちんかんな、ためにするものが圧倒的に多い。納税者の権利なんて考えたこともない。

市場化による自由競争の激化が避けられないのだとすれば、その自由競争に耐えられる感性を取り戻すこと。そういう訓練を少しでも積んでからでないと、何も進まないんじゃないでしょうか。僕の立場とか考えの基本にあるのは、個人一人ひとりの尊厳を守りたいということです。ですがこの場合、日本の国家百年の計を考えても同じではないか。何も考えることのできない、思考することを放棄した人の集まりでは何も進めようがないと思うんです。

だから応能負担がベースなんだと言い、金持ちから余計にふんだくれとまでは言わないとしても、とにかく貧しい者の負担ばかりが重くなりすぎているのを適正な落とし所を考えるべきだと訴えていますが、なかなかうまく行く見通しは難しいです。まずはサラリーマン税制を解体して、とにかく一人ひとりが税金というものを、税金の使い道だとか、納税者の権利ということを考え直すということから始めるという、それは国家百年の計でもあるんだよという、非常に迂遠というか、長い道程だろうけど、それが伴わない限り、何をやっても付け焼き刃に終わると思います。

植草　細かい話になりますが、そのサラリーマン税制でものを考えなくなってしまった人が大半を占める状況になっているのが問題だとしたときに、その中心は会社が全部源泉徴収する正社員、正規労働者です。

しかしいま、非正規労働者の比率が非常に高くなってきて、この人たちの場合は若干状況が違う部分があります。この人たちが領収書をたくさん集めるかどうかという話も関係してくるかと思いますが、非正規化が進んでいることを逆に活かすなどということは考えられませんか。

斎藤　大いにあり得ると思います。非正規労働者の形態もいろいろでしょうけど、いわゆる登録型の派遣労働者の場合など、源泉徴収はされても年末調整まではやってもらってない人が大半であるはずです。交通費は自腹という人も少なくないでしょう。この人たちは本来であれば確定申告をすれば、少なくとも交通費の分は取り戻せるわけですよ。

一部のユニオンで時々税金の相談に乗ったりはしているみたいですが、まだまだそっちのほうまで手が回っていない状況です。だから、実際には多めに源泉されて、確定申告をしないから、取られ損という人がたくさんいる。この人たちに確定申告する習慣を身につけてもらうと可能性が出てくるんでしょうね。せめてそれぐらいの権利は行使しないと、非正規というのはほんとにただの奴隷になります。

国家百年の計——支配者の本音は?

植草 それとも関係しますが、国家百年の計ということでみれば、各個人がいろいろな知識も持ち、意識も持ち、行動もするようなことが必要です。仮りに、この世に特定の少数の権力者というものが存在して、その権力者が国を巧みに手中に収めて絶対権力を維持しようとしているとします。この権力者が利権の構造を維持するには、国民には眠っていてもらいたいと思うでしょう。マイケル・ムーアの映画のなかに、「権力が恐れるものは国民の教育、健康、そして自信だ」という言葉が出てきます。この三つを奪うことが民衆を支配する手法だというわけです。

斎藤　それはムーアの言葉ですか。

植草　ムーアの『シッコ』という映画に、正確ではないかも知れませんがこのような言葉が出てきます。権力の本質を突いているように思います。前にもお話しましたが、二〇〇九年の選挙に際して、新聞もテレビもマニフェスト選挙を絶叫しましたが、いまの消費増税反対論はその延長線上にあります。

日本国憲法は国民主権を定め、日本国民は正当に選挙された代表者を通じて行動し、国政は国民の厳粛な信託によるものであると明記しています。この枠組みで考えると、政治家は選挙の際にきちっと公約を示す。主権者である有権者は公約を吟味して選択する。政権を委ねられた政党はマニフェストを守る。これが唯一の正論です。

野田さんの消費増税提案は民主主義のデュープロセス違反であると強く批判しているわけですが、この現状を見て、「権力者」は「しまった!」、マニフェスト選挙などを唱えるべきではなかったと反省しているのではないかと思います。

安住淳財務大臣は国会答弁で、国会議員の七五%がこの法案に賛成したが、国会議員は民意を反映した存在だから、法案可決は民意を反映している、と述べました。安住さんは自分が、「国民は選挙の時だけ主権者で、選挙が終われば何の力もない存在だ」と言っていることを自覚しているのでしょうか。

国家百年の計というのは市民にとって良い国を作るという意味のお話だと思いますが、米国、官僚、そして大資本が結託して日本を支配している構造のなかで、支配者の本音は、常に国民が無知であり、従順であり、反逆しない存在にとどめ置いておきたいというものではないでしょうか。

この「権力者」の悪計、悪だくみと対峙し、闘い、それを乗り越えなければならないと思います。ところが、知識人の大半は大きな組織に帰属して、大きな力には逆らおうとしない危険回避行動というか、保身の行動を取る傾向が強い。今後のエネルギー政策を論じる意見聴取会でも電力会社の社員が応募して、原発推進の会社の意見を述べます。結局、いわゆる知識層に属する正社員層の大半は、会社の意向に逆らうと出世も出来ないし、経済的処遇も上がらないので、国民主権の実現よりは大資本の利権維持に乗って動いてしまう。この人たちの意識改革というか、改心を実現しないとこの構造を変えることはなかなか難しいと感じますが、どうですか。

どうしてこうも組織に従順なのか

斎藤　僕は今まで日本社会に対する異議申し立てばかりしてきたんですが、そういう立場からしてみると、不思議に思うことが多々あります。世の中には優秀な人、いっぱいいますよね。仕事ができて度胸もある、だけどみなさん、自分の所属する組織や集団に対しては驚くほど従順なんです。わずかな葛藤さえもない。

もちろん、僕だって面倒な目にばっかりあっているから、保身したいんですよ（笑）。保身って大事だと思うんです。あんまりやけっぱちで動いても、本人も世の中もろくな事ありませんから。ちゃんと保身することは大事なんだけど、保身以外の関心がないという社会というのはいくら何でもちょっと異常だと思います。

昔の会社人間がよかったかと言われたらノーですが、あれはあれで筋は通っていたわけですよ。会社人間って奴隷みたいだけど、でもおとなしくしていれば、社宅は安く借りられるし、退職金もいいし、一生面倒みてもらえるし。僕自身は嫌ですけどね。だけど、今はいつ首になるかわからないし、福利厚生もないし、なのに忠実だっていうのはね、どうもよくわからない。

植草　私は日本経済を取り巻く環境が大きく変わったこと、そして日本経済の成長の段階というか、世界経済における位置づけが大きく変わり、それによって働く人、労働者を取り巻く環境は様変わりしたことを直視することが必要だと思うんです。

九〇年代の中頃、私はアメリカにいて、前にお話ししたＢＰＲ（ビジネス・プロセス・リエンジニアリング）と言われる企業の経営革新を研究しました。経営革新と言うと聞こえがいいですが、本質は労働コストのカット、労働者への分配引下げです。要するに人件費削減です。この動きが一〇年ほど遅れて日本でも広がりました。

そのとき私が考えたことは、いよいよ日本で「階級闘争の時代」が始まるということでした。一億総中流が終わり、強烈な格差の時代に移行するということでした。日本が戦後復興して、高度経済成長を実現し、GDPが世界第二位の経済大国になる過程を見ますと、日本は基本的に先進国に追いつくキャッチ・アップの過程にありました。為替は一ドル三六〇円に固定され、ドルに換算した日本の人件費は非常に低く、これが競争力の源泉でした。他の国の雇用を奪う形で日本経済が成長しました。この時期は会社が儲かると同時に労働者の賃金も上がる、資本と労働の共存共栄の時代でした。いわゆる労使協調の労働組合が主流で、御用組合化していました。いわゆるウイン・ウインの関係だったのですね。

政府はあらゆる分野で経済を統制していました。がんじがらめの規制で自由は奪われていましたが、経済は成長し、賃金も上がった時代です。エコノミストの鈴木淑夫さんはこれを「補償のメカニズム」と表現しました。

日本が経済大国になった後、状況は一変しました。為替が変動相場制に移行して激しい円高が日本を襲いました。そして冷戦が終わり、中国の経済発展が始まり世界の価格競争が拡がりました。他方でＩＴが急激に進歩して、世界中の企業が人件費切り下げに突進してゆくことになったのです。グローバル市場で戦うには労働コストを下げなきゃいけない。小泉竹中政治がこの状況下で労働市場の規制緩和を進めました。その結果として、中間層が消滅して、圧倒的多数の低所得者層が生み出されてきたのです。

野田政権の消費増税やＴＰＰ、さらには原発推進を後押ししている「連合」は、かつては労働者を代表する存在でしたが、いまや、労働者というより大資本の利益を代弁する存在に変質しつつあります。一般市民の感覚ともずれていると思います。民主党の議員は、連合の支援を得られないと選挙に負けるから、野田さんの消費増税に賛成しようと考えているのかも知れませんが、それで選挙に勝てるとは到底思えません。連合に参加してきた日本の中間層、知識層は、いまどうなっているのでしょうか。

かつてのように会社の言うことを聞いていれば終身雇用、年功序列で安泰な生活が保証された時代は消えました。私が大学を卒業した年には大銀行が二一もありましたが、いまはたったの三つです。銀行に就職すれば一生安泰と言われていたのですが、一八の銀行が消えました。合併して消えたというのもあるのですが、銀行が消えて、銀行を去った人も非常に多い。働く人を取り巻く環境が激変し、会社人間で自分の生活を守れる時代ではなくなったことを知らなくてはいけない。これをもっと知らせていかなくてはいけないとも思います。

小泉改革の犠牲者が改革を支持するって、どういうこと？

斎藤　ただ、こんな状況になってだいぶ経つでしょう。昨日今日のことじゃない。野田政権になってからこうなったというんだったら少しは期待できますが。さんざん小泉政権でやられて、一応みんながある程度わかったから、政権交代という選択をしたのではなかったか、と思う。でもそれだって、民主党はずっと構造改革を推進する側だったでしょう。彼らは選挙前のマニフェストで小泉路線を攻撃してみせはしましたが、そもそもお前らにそんな資格があるのかと僕は思った。その後の、〝変節〟ぶりに対する批判を見るにつけても、あんなもんに欺されるほうがどうかしているんじゃないか、というのが正直なところです。

でも、少なくとも有権者の多数派は自民党政治に嫌気がさしたから政権交代させたつもりだったはずなんだよね。未だに、植草さんがおっしゃったように、これから知らせなきゃならないみたいな段階なのかと思うと力が抜けます。犠牲者だらけの時代になるのが目に見えているのに、それを目前にした段階でそこまでわかっていないのだとすれば、状況はかなり絶望に近いんじゃないでしょうか。

植草　二〇〇八年の年越し派遣村のような現実をみんな見て、小泉改革を喝采した人が反省しました。中谷巌さんも反省しながら、それでも本を売って上手に商売していてしたたかだなと思いましたが、その後の流れを見ると、一筋縄ではありません。分配の平等化やセーフティネット強化を訴える勢力は、依然として左翼的と見られて社会全体の支持を受けている感じがありません。

普通に考えれば、非正規化した人々、低所得の人々が、この勢力に集結して大きな勢力となり、ヨーロッパの社民勢力のように政治権力を奪取してもおかしくないのに、そうはなっていない。逆に所得が多くない人たちが、自由競争とか、竹中流の「頑張った人が報われる社会」のようなものを応援しているようにも見える。ある意味奇妙にも思えるのですがどういう社会現象なんでしょう。

斎藤　植草さんはどう思います？　そういう話って小泉政権のときから出てましたよね。小泉改革で一番ダメージを受ける連中が小泉を支持するってどういうことかと。僕もずいぶん聞かれて、何か適当な答えをしてはいたけど、ホントはよくわからないんです。今もそんな感じでしょう？

植草　私はある種の意図的な誘導があってそうなっているのか、とも疑っています。分断して統治するという言葉がありますが、それが低所得の人たちの中に持ち込まれている。例えば生活保護の不正受給をことさらにピックアップして、あなたたちは普段大変な苦しい生活をしているけど、同じ階層の者の中にこんな悪い奴がいて、そのために税金が使われている。こんな話が誇張されてマスメディアによって流布される。所得の少ない層の中での対立を煽り、だから自己責任原則が大事だ、自助だ共助だと主張して、公助を巧妙に批判する方向に誘導する。これに乗ってしまう人が多いのかなと思います。

もう一つ言うと、中国や韓国などとの関係で、中国はけしからんとか、韓国はけしからん、日本はなぜいつまでも過去を謝るのかという話を煽り、燃えやすいナショナリズム感情に意図的に火をつけるメディアの誘導があります。セーフティネット批判をする人々と、ナショナリズム感情の強い発言を示す人のイメージがダブります。日本人の特性もあるのかも知れませんが、これを誘導している勢力の影を感じますね。

自民もだめ、民主もだめ、だからといって橋下？

斎藤　同意見です。それがネット右翼になってみたり、小泉のときのB層というやつでしょうけども。

小泉さんが辞めたあと、安倍晋三さんが出てきたときは、まさしく新自由主義のネオコンでしたから緊張しました。じつはその後、福田康夫さんになったときに、僕はすごく嬉しかったんですよ。福田さんがよいというわけではなくて、要するにお爺さんだっていうだけで嬉しかった(笑)。お爺さんだからあんまり無茶はしないんじゃないかと。で、麻生太郎さんになったときもすごく嬉しかったんです。あれもまあタカ派には違いないけど、何しろ字が読めない(笑)。字が読めないから無茶苦茶してもたかが知れてると。

民主党になって、民主党はあまり信用していなかったけれども、鳩山さんはヘンだから嬉しかったですよ(笑)。菅さんは、前に、薬害エイズの時にすごい頑張りましたよね。O157でカイワレ食べてみたり。あの頃僕はよくインフルエンザワクチンの副作用の取材をしていたんです。それで菅さんは大衆受けする薬害エイズ以外の薬害の副作用問題にはものすごい冷たい人だった。だから、基本的にこの人は信用できないなと思っていましたが、少なくともタカ派じゃないだろうと、これもまあまあホッとしてたんです。

野田さんになって僕は、この政権は小泉のときにやり残したことをやるために出て来た政権だと思ったんですね。3・11を受けて、まさにナオミ・クラインの言うところのショック・ドクトリンという感じでしょう。僕はさんざんこのことを指摘したし、他にもいろいろな人が言ったり書いたりしているんだけど、何も変わらない。

そこで問題なのは、自民にも民主にも絶望だということになり、「次」はどうしようかと考える、ここまでは健全だと思うんですが、その回収される先が橋下徹だといわれていることですね。たしかに彼は統治機構の改革みたいなことは言ってます。役人が彼をどう思っているかよくわかりませんが、それ以外は民主や自民と基本的に全部一緒ではないか。消費税も背番号も道州制も大賛成だし、日米同盟も堅持だという。だからこそ財界が本気で叩かなかったり、民主や自民も擦り寄っていく。

有権者はブレたっていいと思うんですよ。いや、ブレてこそ選挙の意味があるわけだ。最初、植草さんが話していたように、政権交代の選挙では、アンチ小泉改革の人が民主党に投票して変わった。その次のとき、菅直人が消費税増税をいって、参議院選挙のときは民主党は負けた。いずれも一面正しい分析だと思うんだけど、でもそれだったらもうちょっと社民党や共産党にも流れなきゃおかしいと思うんですよね。

自民党が気にくわないのなら、その自民党から離れた人が民主にも行く、社民にも行く、共産にも行くという具合に。菅直人の消費税増税が気にくわないのであれば、もともとあんなもんは自民党のサルマネなんだから、自民党に行くのはどうかしている。みんなの党だって、その前にやることがあるとは言うものの消費税増税そのものには反対じゃないんだから、ここに流れるのも筋が通りません。

はっきり消費税に反対しているのは社民党、共産党なんだから、こっちにもちゃんと行くはずですよね。あるいは亀井静香が創設した当時の国民新党か。それであれば有権者の動きは合理的だなあと思うんですが、人々の支持は、昔の自民党の派閥同士ほどの違いもない二大政党で行ったり来たり。

そこに、まさに誘導があるんでしょうけれども。ただ、誘導したからと言って、それは本当の意味の民意ではないとも言えるけれども、そんなことで簡単に操られる民意って何だ、と言いたくなる。誘導なんていうのはいつの時代にもあるわけで、操られた結果もまた民意と言えますからね。だから橋下の人気にしろ、とんでもないふざけたことを言っているとは思うんだけど、それもまた民意だよね、と言わざるを得ない。

あまり考え出すと気が狂いそうになるんです。民主もだめ、自民も公明もだめ、橋下もだめって叩いているうちに、やっぱり最後は有権者を一番叩きたくなってしまいます。知識だの思想だのの問題じゃないんですよ。自分が何をどうされようとしているのかも体でわからないようじゃ、動物としての生存本能を備えているのかどうかさえ疑わしい。だけどそれを言っちゃオシマイだし（笑）。お前はそんなにエライのかと言われるとどうにもならないんですが。

歴史的経緯の中で醸成された精神風土

植草　私も拙著に書きましたが、政治のレベルは結局は国民のレベルを超えられないということですよね。最終的にはそこに行き着いてしまいます。

すべてを市民の自治に委ねて、市民が市民の力ですべてを仕切るというところまでは、日本社会がまだ到達していないのでしょうね。おこがましいですが、有志の人が、草の根から活動を拡げていくしかない。現状はこうした仕掛けが必要な段階かも知れません。背後に日本の歴史的な経緯があると思うんです。

歴史的経緯というのは二六〇年間つづいた江戸時代に、日本人が権力に飼い慣らされる精神構造を確立して、これを後世に引き継いできてしまったのではないかと思うのです。その精神構造を私は、「お上と民の精神構造」と呼んでいます。政治に関わることに庶民は口を差し挟まないほうがいいという、一種の「生活の知恵」です。「見ざる・言わざる・聞かざる」という言葉がありますが、ややこしい話には口を差し挟まないということ、それがわが身を守る保身の知恵だった。その伝統的な精神風土がＤＮＡとして現在まで引き継がれてきたのだと思っているんです。

この風土のなかで市民革命を実現するのは難しい。この間に明治維新や戦後民主化がありました。しかし、明治維新も国民全体の運動ではなく、ヨーロッパの金融資本が一部の不満士族を動員して引き起こした変化で、市民革命ではありませんでした。戦後民主化は外からGHQが来てやったもので、国民の精神構造は変わらなかった。江戸時代に培われた「お上と民の精神構造」がいまなお健在なのではないでしょうか。ここに現在の困難の原因があると思います。

このなかでの変化ですが、最近の政治の動きの結果として、アメリカと官僚と大資本に非常に都合のよい仕組みが成り立っていくのを見ていて、政治家の側が何を考えていたかということを考えざるを得ません。個別の政治家たちの去就、出処進退を注目して分かることがあります。

それは、政治家を見事に二分類できることです。ひたすら損得を考える人と、損得を離れて日本のため、国民のためを考える人です。政治家は大別してこの二種類に分けられる。まあ九対一の比率で損得の人が多いと思いますが。それが政治の現状です。

民自公という巨大勢力に対抗するにはどうしたらいい

植草　二〇〇八年、小沢一郎さんが代表として民主党を大躍進させたころです。反自民票が増えて政権交代を引き起こしかねない流れが生まれました。このとき、「チェンジ」というタイトルのテレビドラマが放送されたんです。木村拓哉さん主役の政治ドラマでした。主題歌にマドンナを起用するほどの力の入れようでした。小泉さんの秘書をしていた飯島勲さんや石破茂さんが番組制作顧問に加わりました。私はこのドラマがみんなの党を結党する宣伝のための番組だと思いました。

反自民の票が小沢民主に集中することを阻止するための「みんなの党」の創設、そして、これを支援するドラマの放映だったと見ています。ドラマ放映から少し時間が空きましたがみんなの党が出来ました。私はこのみんなの党が、偽装「チェンジ」新党だと言っていました。オバマに倣い「チェンジ」が叫ばれましたが、一番のコアである「対米従属」が維持されていたわけです。アメリカは小沢民主党が対米隷属から離れて自主独立の路線を採用することを最大に警戒し続けていると思います。新しく発足した「みんなの党」の特徴は二つありました。一つは「対米従属」、「対米隷属」を基礎に置いていること。いま一つは、小沢民主党とは手を組まないことです。本当に「チェンジ」を目指すのなら、小沢民主党と手を組んで政権交代を目指せばよいところ、小沢民主党とはまったく手を組もうとしなかった。つまり、政権交代を目指したのではなく、政権交代阻止を目指したのだと思います。

さて問題は次の選挙です。小沢さんが民主党を離党して「国民の生活が第一」が出来て、現在の政治構造を壊すことに期待が寄せられています。米・官・業の利権複合体は自主独立の勢力に票が集中しないように、新たには「大阪維新」を全面支援して、反民自公票をここに集中させるキャンペーンを展開していると思います。民自公の大政翼賛に反対する国民が「国民の生活が第一」などの自主独立勢力に集中して投票して、民自公と自主独立派の二大勢力になることだけは避けたい。もしこの二大政党体制が構築されると、自主独立勢力が政権を獲得するのは時間の問題になります。これを避けるために、米・官・業利権複合体は、アメリカに軸足を置く二つの勢力による二大政党体制を構築したいのでしょう。そこで、生活党の躍進を阻止するために、大阪維新とみんなの党を全面支援する。私はこう見立てています。

小沢さんや鳩山さんが米・官・業による日本支配構造を打破することをどこまで深く考えているのか、わからない部分はあります。ただ、官僚、アメリカ、大資本に都合のよい政治を変えようとするなら、反対勢力が結集しなければなりません。言い方を変えれば反小泉勢力の結集です。これには格差是正も当然入ってきます。セーフティネット強化も入ってきます。これ

らは小沢さんの主張と社民党や共産党の主張は非常に近い。反消費増税や脱対米隷属だけでなく、反ＴＰＰや脱原発まで一致しているんです。
　問題は現在の日本の選挙制度が小選挙区選挙を基礎に置いていることです。三〇〇選挙区で得票が一位の人だけが当選する仕組みなので、民自公という巨大勢力があり、反民自公票を吸い寄せる大阪維新のような第三勢力が意図的に作られると、第二勢力である、反消費税、脱原発、反ＴＰＰの勢力が大同団結しない限り、国会多数議席を確保することはできません。この意味で基本政策の方針を示す旗を掲げ、同調できる勢力が手を結ぶことが絶対に必要だと考えますが、どうですか。
斎藤　いや、全く。社民と共産なんか、どこがどう違うのかわからない。似たようなことを言っているのに（笑）。

植草　仲が悪いんですかね（笑）。

斎藤　いったい何をやっているんでしょう。

一緒にやればいいのに、わざわざ弱い者同士で喧嘩して、力を削がれている。小泉政権の時代にも僕は何度も言いました。昔のイザコザとかいろいろあって、どうしても仲良くしたくないなら、未来永劫、喧嘩してたっていいですよって。ただ、いまは小泉を倒さなければいけないんだから、いまだけ取りあえず手を結んで、倒したらまた思う存分に喧嘩すりゃあいいじゃないですかと。

選挙協力は知恵と力を出し合って

植草　一つの選挙区に、例えば自民党の候補者がいて、反自民の票がたくさんあっても、それが複数の候補者に分散してしまうということがあります。例えば共産党が全選挙区に候補者を立てると、反自民の票が確実に何万票か削がれてしまう。共闘すれば勝てる選挙を共闘せずに負けることが生じます。

公明党は本来弱者のための政党だとされているはずですが、弱きものを叩きのめす巨大消費増税に加担し、原発推進に加担するなら、この看板は有名無実になります。私にも「公明党の支持者だがいまの公明党執行部の方針は間違っているので、公明党執行部に働きかけをしてほしい」などの内容の手紙をいただいたことがあります。

昔、松本清張が公明党と共産党の橋渡しをしようとして失敗したと伝えられていますが、日本の国家百年の計を考え、日本の政治を本気で変えるには、イタリアで試みられた「オリーブの木」といわれる選挙協力をやりきることが不可欠だと思います。何を主張しても、現実が何も変わらなければ自己満足で終わってしまうと思うんです。

斎藤　社民党の福島瑞穂さんと共産党の志位和夫さんなんかは一応そういうふうには考えているようで、何かの折に握手したりはするんですよね。ただ、組織がついていかないみたい(笑)。まだしもまともな人間性を失っていなかった頃の自民党の面影を払拭できずに、どこかで甘えているんじゃないかと思ったりもします。

植草　犬猿の仲というか。共産党の人が福島瑞穂さんの悪口を言うのを聞いたことがありますが。でも政策はあまり違わない。

斎藤　ほとんど同じですよ。だから僕も両方の労働組合に招かれたりする。まだ冷戦の頃はソ連があって、ソ連共産党とくっついているかどうかっていうのは大きな差だったでしょうが、いまは別にそういう区別もないですし。ネット右翼にはどっちもアカって言われてるわけですから（笑）。新自由主義という共通の敵に対峙して、喧嘩しなきゃならない理由なんて、ひとつもないんですけどね。

植草　緑の党というのがありますが、あれはスイカだという話を聞きました。表は緑で中は赤だと。しかしこれは風評で、本気で環境重視の人も多いように思います。大多数の市民はいま虐げられているのに、現政権を支持しては合理的でありません。虐げられていると実感している人たちが結束すれば、十分にマジョリティになり得ると思います。

斎藤「自分たちは九九％だ」っていう運動ですよね。僕も有望だと思いますが、そのためにはこの国の、昔からの風土の問題をどうにかして乗り越えなくちゃならない。社民、共産がこれまで伸びてこられなかった最大の原因です。

植草　たしかに社会主義アレルギーが日本社会には非常に強いですね。それを払拭するには、抵抗があるかもしれないですが、党名変更も手だと思います。党名まで無理でも院内の会派で統一するとか。

斎藤　消費税であれば社民、共産と小沢さんのところで徹底的に連合するとかね。

植草　それをやるにはやっぱり仕掛け人というか、コーディネーターが要るんじゃないですかね。

ほんとに自由に言ったら、バカかって言われる

斎藤　先ほどの植草さんの話。政治に口を出さないという精神構造は、もう、僕なんかの世代でも色濃くありますよ。

僕なんか、ウチは親父がシベリア帰りだったというやや特殊な部分を除けば、ほんとに庶民もいいところですから、お袋にいつも言われていましたよ。「上を見ればきりがない、下を見てもきりがない、毎日笑って達者で暮らせ」って（笑）。だから僕がこういう仕事をするようになったとき、「お前はいつからアカになったんだ」ってすごい叱られました。記者っていうのはお上にタテつくのが商売なんだって言ったんですが、あんまりよくわかってもらえずじまいでした。

ただ、それはほんとに庶民中の庶民だからそうなんだけど、いいとこの子で、高い教育を受けたエリート層の人たちに、庶民の処生術が染みついているとも思えないんです。僕なんかはどうせどこまでいっても庶民なら、言いたいことぐらいは言ってから死んでやるって発想なんだけど。そこはだから階層の差があって、僕はどうもちょっとわからないところなんですよね。

植草　日本文化論的な話になってしまいますが、日本の社会の成り立ちは、江戸時代に意図的

に構築された部分が多いと思います。村は地縁的な共同体であり、五人組が編成され、相互監視の仕組みが張り巡らされた。相互の監視によって掟破りを排除する風土ですよね。波風を立てないことを何より重んじる。はみ出ることを良しとしない。教育でも突出することより協調することが重視される。他人《ひと》と同じであることに安心する。

斎藤　でも、そんなに日本だけが酷いんですか。日本が酷いというのはわかるけど、外国がそんなに大層なものだとも思えないんですが。

植草　アメリカは多人種国家ですよね。そのなかの支配層としてＷＡＳＰ（White Anglo-Saxon Protestant）などの表現が生まれてきます。ホワイトでアングロサクソンでプロテスタントの人々が実権を持っていて、このエスタブリッシュメントは体制を守ろうとしますが、実権を持たないそれ以外の人たちは、そもそも自分たちは中枢から排除されているという意識があるので、違った意見を持つのが当然だと思っています。

もともと自分は他人と違うということがベースに置かれていれば、違う意見が当然出るし、違って当然だし、逆にそれが自分たちのアイデンティティだという意識が生まれやすくなるのだと思います。

でも日本は単一性の高い国なので事情がまるで違います。斎藤さんも、人と違う意見や行動を取ると嫌な目には合う現実があったのではないですか。

斎藤　いくらでもあります。あるけれども、僕がいつも思うのは、みんなと同じにしか行動しないんだったら、何で俺ここにいるんだろうって、いつも思っちゃうんですよ。そんなら俺なんか要らないじゃん、って。せっかく生まれてきたからには、無理矢理する必要はないですが、思ったことを言わなかったら生きている意味がないような気がする。でも、そういう考え方って珍しいということになっちゃうんですかね。

植草　大きな組織の一員になると、普通の場合は、それでもう九割方諦めるしかない、あるいは諦めようという心境にいたるのではないでしょうか。

斎藤　でも、僕はフリーだから特に思うのは、大きい会社で、社長になれるかどうかっていう人が、今の社長とか会長に逆らえないというのはわかりますけど、みんながみんな出世するなんてできないじゃないですか。だいたいもう三〇代ぐらいで先が見えてしまうわけでしょう。どうせ社長にもなれないのに何で言いなりになるのかが不思議だ。公務員で黙ってる人はもっと不思議ですね。身分は安定しているわけだから。

植草　ただ、前に斎藤さんは源泉徴収と申告納税を選択制にしたときに、申告納税を選択すると反逆者のレッテルを貼られるからほとんどの人が源泉徴収を選ぶという話をされていましたよね。

斎藤　ベッタベタに貼られるでしょうね。

植草　会社の中に従業員組合と第二労働組合があるようなとき、第二組合に入ればそれでもう出世の道を塞がれるといた現実があります。会社で、自由にものを言いなさいって言われて、ほんとに自由に言ったら（笑）。

斎藤　バカ、アカ、サヨク、金正日《キムジョンイル》の手先って言われる（笑）。

植草　いま、非正規化が進んで状況が激変した。昔は「社畜」という言葉があり、完全に会社に隷属してしまう人が大半だったのが、会社と働く人の精神的距離が著しく大きくなり、そのために、自由にものを言えるようになっていると思います。そこを活用するべきでしょう。

斎藤　ただ、社畜じゃない分、その分しがみつかないと生きてもいけない状況になっちゃっている感じがあるようです。僕は「どうせ非正規なんだし一生出世なんかしないんだから、せめて言いたいことを言いなよ」って言うんだけど、そうすると「斎藤さんは甘い」という話で。

植草　そこは日本社会のセーフティネットのレベルが極めて低いことに問題がありますね。いまいるところから落ちればとんでもない谷底まで行ってしまうので、中山間地域、日中三時間ぐらいだけ日の当たる程度のところにいたいというのが一般の人情ではないですか（笑）。

斎藤　日中三時間か（苦笑）。

「思慮深さと積極的な行動」、主権者に必要なこと

斎藤　植草さん、国会前で毎週金曜日、原発再稼働反対デモをやっていますよね。あれをどう思いますか。もちろん自分は脱原発の立場ではあるから勇気づけられるし、希望は希望だと思います。でも、どうして消費税とかＴＰＰでももうちょっと盛り上らないのかなあ。原発問題とも大いに通底している重大なテーマなのに。その辺がもどかしい。

植草　福島で住んでいたのに避難を余儀なくされている女性が国会前に来てアピールしていました。すべての市民が乗りやすいテーマだと思うんです。原発反対は市民の生活、生命、健康を守るということで、深刻で切実なだけにまとまりやすいテーマなんだと思います。消費税問題も本当は深刻で大変な事態なんですが、原発よりも政治色が強いテーマなので、そこを躊躇してしまう人が多いんじゃないかと思います。

斎藤　意識的に避けられているのかもしれないですね。その点、３・11以後の脱原発は個人個人の健康問題のようでもあって、あまり政治的には受け止められにくい要素が強くなったのかもしれません。

植草　テレビが消費増税推進の情報操作を激しく実行しているので、普通の人には判断しかね

る部分があるのだと思います。

例えばヨーロッパの政府債務危機が喧伝されて、日本もいつああなるかわからない、待ったなしなんだよと言われると、そりゃあ、あんなふうになっても困るなという心理が働いてしまうと思うんですね。ただ、この対談でも明らかなように、さまざまなデータを見る限り、危機は誇張、ねつ造されたものです。

このことに関連して言うと、政府は二〇〇二年、格付け会社に意見書というのを提示しています。その中で日本は世界最大の貯蓄超過国なので心配ないといっている。さらに、日本の対外経常収支黒字は大きい、対外純資産も大きくて、外貨準備も大きいから心配要らないんだとも言っている。

この状況は今もあまり変わっていません。そのことを「国民の生活が第一」の中村哲治さんが予算委員会で質問して安住淳財務大臣が答えています。

中村さんが「この貯蓄超過というのは何ですか」と聞いたら、安住さんは「それは個人が持っている金融資産が借金より多いということです」と答えているんです。しかし、貯蓄超過という意味は全然違っています。ある一年間の国民所得のうち消費に回した残りを貯蓄というんです。この貯蓄を使って投資を行い、投資のほうが貯蓄よりも少ないとお金が余ります。これを貯蓄超過と言い、これが国全体の金余りで、余ったお金は最終的に海外に流れます。この貯蓄超過というのは経常収支の黒字と同じものでもあります。

事前に質問内容を通告されていたと思いますが、安住さんの答弁はチンプンカンプンというか、完全な間違いでした。経済学の基礎知識がある人にとっての初歩の間違いを国会で答弁して平気でいられる。ある意味で大物というか厚顔無恥というかという感じですね。財務省がかつて日本の財政は大丈夫だと主張した理屈を理解できていないということです。経常収支黒字、対外純資産、外貨準備などの状況は一〇年前もいまも同じです。本当に日本が財政危機なのか危機でないのか、それを確かめる具体的な尺度についての正確な知識なく、財政危機だという事務局の説明を鵜呑みにして、増税を推進しているのが安住財務相です。

つまり、増税論の根拠があまりにも不確かなのです。議論が危うすぎる。消費税の構造的な重大な欠陥について、私の目配りが不足していましたが、斎藤さんとの対談のお蔭で、重要な問題を把握できました。零細事業者の場合、価格に転嫁できなければ自腹を切るか従業員の給与を減らすしかないので、これは消費税ではないですね、ほんとに。

斎藤　直接税、事業税ですね。

植草　ですから、野田さんは、事業税を増税しますと、それも力の弱い事業者に限って増税する新しい税を課すと言わないといけません。零細事業所で働く人の雇用削減政策を実施することも付け加える必要があります。

ミクロの議論として一番大事なこうした構造的欠陥の論議が全然広がっていません。そのために本当は反対である、潜在的な反対者がなかなか表に出て来れないのだと思います。

ＴＰＰはさらにわかりにくいので、細かな内容を知っている人はほんとにごくわずかで、一般の人はほとんど詳細を知らないんです。

野田さんは民主党の中の多数決も取らず、というか、むしろ反対の結論が出されたのに推進している。日本の議会制民主主義を破壊する行動をつづけてています。繰り返しになりますが、選挙時のマニフェストと正反対の行動を示しています。メディアは政府の横暴を叩かなくてはいけないのに一切それを言わないのです。これを、日本の民主主義の危機と言わないで何と言うか。ここを打開するために、単行本を出す、あるいはネットから情報を発信することが必要だと思います。

先日、日隅一雄さんが亡くなられましたが、日隅さんが書かれた『「主権者」は誰か』（二〇一二年）という岩波のブックレットの最後に「思慮深さを身につけて積極的に政治に参加することが必要だ」とありました。官邸前の抗議行動を見ると、サイレント・マジョリティであり続け、「お上と民の精神構造」の中に留まっていた市民が、いま行動し始めたのではないかという期待を持っています。

「皆様のＮＨＫ」か「政治権力のＮＨＫ」か

斎藤　メディアが何も言わない背景には、やっぱり電通の存在があると思いますか。

植草　裏側にはアメリカがあると思いますが、民間放送の場合にはスポンサーが経営の生殺与奪の権を持っていて、そのスポンサーを束ねているのが電通などの広告代理店です。ですから広告代理店の影響力は非常に強いと思います。

私はマスメディアに風穴をあける突破口になるのはＮＨＫだと思っています。ＮＨＫが本来の役割を果たさなければならない。武田徹さんがＮＨＫ問題についての本を書かれていますが、戦後のＧＨＱは当初ＮＨＫ改革をやるつもりでした。まさに大改革を意味する放送委員会の設置法案の大綱まで出来たのですが、前にも述べた「逆コース」で立ち消えになってしまいました。

放送委員会構想は、全国の放送受信者から選挙で選ばれた三〇人から三五人の放送委員による放送委員会を設置して、これをＮＨＫの最高意思決定機関にするという、文字通りの大改革構想でしたが、これが消え、吉田茂内閣が電波三法を定めて、ＮＨＫは政治権力の下《もと》に置かれてしまったのです。

ＮＨＫ問題は極めて重要です。現在のＮＨＫの仕組みは放送法に定められています。放送法では、ＮＨＫの最高意思決定機関を経営委員会としています。この経営委員会委員は内閣に任命権があります。経営委員会はＮＨＫ会長の任命権を持ち、実際にＮＨＫの運営をする副会長及び理事は、経営委員会によって任命されたＮＨＫ会長が経営委員会の同意を得て決めることになっています。

他方、ＮＨＫの予算は総務省に提出し、国会の承認を必要としています。つまり、ＮＨＫは内閣の人事権の下に置かれ、予算等の事項については総務省と国会の承認を得れば良いということになります。ＮＨＫは、「皆様のＮＨＫ」と言いますが、「皆様」の影響力はゼロに等しい。放送法第六四条は、テレビを設置した家庭から料金を徴収できることを定めており、ＮＨＫは政治権力に働きかけてこの放送受信料を強制的に徴収できるようにするための制度改正を目論んでいます。

斎藤　「皆様」としては、ただ単に受信料を取られてるだけってことですか。

植草　そうです。だから「皆様のＮＨＫ」ではないんですよ。「政治権力のＮＨＫ」です。だからＮＨＫの偏向というのは、いま、目を覆うほどです。放送法の抜本改正をしてＮＨＫを政治から独立した組織に作り替えなければ現状は変わらないと思います。

それにもかかわらず、一般市民は、民放よりもＮＨＫを信用する傾向が強いのです。これは本当に深刻な問題です。

斎藤　それが一般的ですよね。でも、僕自身も、ＮＨＫの政治権力性は百も承知で、それでも民放よりマシだというのも現実な気がするんだけど。

植草　ＮＨＫの中には報道人としての良心を持った人がいて、良い番組を作ることはあると思います。しかし、政治の問題になると、ＮＨＫの政治部が仕切ってしまいます。政治部が最高に政治色の強い部署です。日曜討論やＮＨＫスペシャルのなかの政治番組はＮＨＫ政治部に完全にコントロールされていると言ってよいでしょう。

橋本政権の末期、一九九八年に金融安定化のための公的資金を投入するための法律が制定されました。この立法作業に合わせて、ＮＨＫは一九九七年一二月一四日にＮＨＫスペシャルを放送しました。金融機関への公的資金投入の是非を考察する番組でしたが、番組のつくりは、公的資金投入への賛同を得るためのものでした。

実はこの番組を制作するための相談が私のところに来たのは、放送の五ヶ月も前のことだった。政府から公的資金投入のための法律を制定するにあたり、これを支援する番組を作ってくれとＮＨＫに依頼があったのだと思います。放送された番組では専門家六人の意見が提示されました。私もその一人として登場することになっていましたが、私は厳正な責任処理を伴わない公的資金投入には反対でした。このため、私のＶＴＲ出演はキャンセルになりました。

責任処理なき公的資金投入を主張する専門家は少なく、唯一といってよい賛成者がリチャード・クーさんというエコノミストでした。当時、私と同じ野村総研に在籍していまして、NHKはどうしてもクーさんを出演させたいということだったのです。同じ会社から二名は出せないということで私の方がキャンセルになりました。

番組で積極賛成論を主張したのはクーさんだけだったのですが、クーさんは番組のクライマックスで登場し、公的資金を投入しなければ金融恐慌に陥るかも知れない、火事が燃え広がっているときには、誰が悪いという責任論ではなく、火を消すのが先だという話をしました。番組として、強く公的資金投入賛成の世論を形成しようとしたのです。

消費税増税を決めた一九九六年末、一一月二九日と一二月一日には、消費税を増税しないと日本財政は破綻するという趣旨の二回シリーズのNHKスペシャルが放映されました。これも、政府から依頼されて制作された「御用放送」だったと思います。

NHKが「皆様」のために番組を制作しているのではなく、「時の政府」、「政治権力」に取り入るために番組を制作していることがよく分かります。九七年の番組制作は、五ヵ月も前から始まっています。政治権力に取り入るために、膨大な経費を注いで「御用番組」を制作しているのがNHKの実態です。

メディアリテラシーという言葉がありますが、メディアが流す情報の真偽、あるいは偏向度を情報の受け手の側が洞察して、それぞれの情報を適切に活用する能力のことです。ＮＨＫの放送は政治的に偏向しているという事実を正確に把握して情報を受けることによって、その裏側にある政府の意図や、真実との乖離などを読み抜くことができるようになるはずです。

私たちはこの能力を磨かなくてはならないと思います。

「週刊文春」記者時代の経験を思い出すと

斎藤　僕もマスコミの仕事をするようになって三〇年経ちますが、やればやるほど薄気味悪くなってきました。僕は「週刊文春」が一番長くて延べ六年ぐらいいたんですよ。「文春」は保守だし、それこそ内閣調査室とつるんでいるとか、まあいろんなことを言われたわけです。そのたびに、そういうこともあるだろうけど、みんなが言うほど謀略で出来ているわけじゃないよって返してた（笑）。

実際に自分が経験したことで言えば、最初にこういう狙いで行けという企画があって、取材してみたら実態は当初の見立ての正反対だったなんてことが珍しくありませんした。でもだからといって、ボツになるんじゃなく、じゃ、その正反対の事実をしっかり書きなさいということもずいぶんあったし。だからそういう反論を当時はしていたんですが、今は何を言われても、そうなのかなあ、という気がします（笑）。

「週刊文春」は毎週木曜日にプラン会議をして、その日の夕方にだいたい担当が決まって、月曜の夜中から火曜の朝までが締切という具合になってるんですよ。だけど、そのプラン会議の班も幾つか分かれているから、どこの班でどういう話が出たというのはお互いあまりわからないんですね。夕方になって割り振られるとき、この話を取材しろ、と言われるだけだから、それがほんとにプラン会議で出て来たネタなのか、雲の上から降ってきたのか、じつはよくわかってないことが多かった。

そんなにしょっちゅうスクープなんてないですからね、はっきり言って（笑）。僕もプラン会議の毎週の仕事をしながら、自分なりのスクープを取ろうと思って一所懸命歩き回ったりはしましたが、僕が単に無能だったのかもしれないけれども、そうそう実は結びませんでした。ところが「週刊文春」に限らず、週刊誌にはビックリするようなスクープがつづくことがある。何か裏があると思われたとしても、それはそれで仕方がないのかもしれません。

植草　私が昔、野村証券の商品本部で仕事をしていましたとき、世界の重要情報のネットワークを持っている方が上司にいました。その方から、一般には知られていない多くの情報を教えてもらいました。いまでは、多くの研究書が「知られざる真実」を知らせてくれるようになりましたが、当時はそのような情報はほとんど流布されていませんでした。とくにＣＩＡに関する情報が多かったですね。

民社党がＣＩＡの資金によって作られた政党であるとか、「朝日」と「文藝春秋」は米国が左に行きすぎないように防波堤を作る目的でコントロールしている媒体であるなどの話を聞きました。すべてを鵜呑みにしたわけではありませんが、かなり有益な情報が多かったことは事実です。

新聞社にしろ出版社にしろ、現場は普通に仕事をしていると思うんです。でも、本当の経営の中枢のところで、例えばアメリカのＣＩＡが実質的にコントロールしているといったことはあってもおかしくはない。

斎藤　不思議ではないですね。僕もずっとそういう中にいながら、なにしろ一番下っ端のペーペーでしたから、何もわからなかった。今のお話のアメリカがどうのという部分をにわかに受け入れるわけにもいかないんですが、でもたしかに、あのころの自分もいつどういうふうに操られ、使われていたのかもしれないなあと思って、時々恐くなります。

ＩＴ技術は監視社会をここまで「進化」させている

植草　斎藤さんは、監視社会の問題でもオピニオンリーダー的役割を果たしておられます。納税者番号制については対談で取り上げましたが、防犯カメラとかＮシステムとか国民背番号制とか、国家による個人の情報管理、言い方を変えれば監視の強化がいろいろな方面で進んでいますが、斎藤さん以外に大声で異議を唱える人は少ないんですか。

斎藤　まずいませんね。名古屋市長の河村たかしさんは民主党の国会議員時代に随分言っていましたけど。白鴎大学の石村耕治さんという税法の先生とか荒川区役所の職員でプライバシー・アクションという市民運動をやっている白石孝さんとか、大阪の松原市役所にいらした黒田充さんとか。ほんとに全部で数人なんです（笑）。名前を出してちゃんと反対と言っているのは。だから、僕なんかが何を言ったって、それはあんたが後ろ暗いことばっかりしてるからだろ、で済まされちゃう（笑）。

植草　今、顔の認証技術が非常に進んでいて、Ｎシステムより簡単なので、国家が市民を監視するのでなしに、国家が特定の個人を監視するために使われますよね。特定の人物を抽出して、それをトレースするとなると、頭の中にチップを埋め込まれたのと同じ状態ですよね。

斎藤　監視カメラもあれば、携帯のＧＰＳもある。潰したい人間のトレースにはありとあらゆる方法があります。

国土交通省がやっているＩＴＳというナショナル・プロジェクト。高速道路のＥＴＣのほかにも、スマートプレートといってナンバープレートにＩＣチップを付けて、町中や道路脇にアンテナを建てていくという計画があるんですよ。それが進むとどうなるかというと、誰の車が今どこを走っているかというのがアンテナでわかるから、一台一台の車の所有者固有の事情に応じた情報をカーナビに流す。あなたが車イスのお母さんを連れて行こうとしている病院、今は身体障がい者用の駐車場がふさがっているから、二〇メートル東にあるコインパーキングに向かった方がいいですよ、なんてね。あるいは、ここに電通が介入して、斎藤なら斎藤のクレジットカードの履歴を勝手に解析し、ホラ、一キロ先に斎藤さんが好きそうな焼肉レストランがありますよって流してくるという。

監視はワン・トゥ・ワン・マーケティングの有力な手法としても考えられています。スマートプレートには無線がつきものですから、電波行政を司る総務省にも取材に行ったんですが、その担当の人が言うんです。

「斎藤さん、これ、車だけである必要はないと思いませんか。今みんな携帯をお持ちですよね。この携帯にＩＣチップを埋めとけばこのアンテナと交信できるんですよ。国民一人ひとりに、

その人にちょうどいい行き先を教えてあげられる。素晴らしいと思いませんか」って。
僕は「恐いわ」って言ったんだけど（笑）。これをやると、誰と誰が一緒にいるとかまで、すべてわかっちゃうじゃないですか。
安倍政権のときには「イノベーション25戦略会議」っていう有識者会議があったんです。二〇二五年までにどういうイノベーションを進めるべきかの国家目標を設定するという触れ込みで、今度の福島原発の国会事故調で会長をやった黒川さんが座長だったんです。
ここで出て来たシミュレーションがすごい。二〇一五、六年までに、日本中に防犯カメラをつけると。そこには顔認識を付ける。それからマイクを付ける、声音認識を付ける、それからしぐさ認識を付ける。そうすると、誰と誰とが一緒にいて何をしゃべったかも全部わかってしまう。しぐさ認識というのは、例えば僕なら僕の歩く時の癖とかを登録しておけば、それと違った動きをしたとき、何か異常事態が発生したに違いないということで警察官が駆け付けてくる。映画

『マイノリティ・レポート』の世界ですよ。それを「イノベーション25戦略会議」の段階でもう謳っていました。

植草 これは所管が警察ではなく総務省ですか。

斎藤 この戦略会議は内閣府に設置されていましたが、個々の中身は各省庁がもともと用意している計画に基づいています。日本中に監視カメラというのは警察白書にも出てきますから、警察になるんでしょう。

植草 警察のこうした関係の予算配分はけっこう大きいですよね。

斎藤 大きいですよ。二年ぐらい前の白書で、要するに刑事事件の捜査は劇的に変わったという記述がありました。昔みたいに事件現場の周辺を聞き込んでも無理だから、予防的に見張るんだという主旨でしたね。

人によって「心配不要」の差別的・選別的監視

植草 自由主義社会の基本は財産権の保護が中心だと思いますが、プライバシーの保護というのも重要な柱です。ただ、最近のテレビでも紹介されていますが、イギリスでも監視社会化の方にシフトしてしまっています。アメリカもそうですか。

斎藤　アメリカもそうです。アメリカはもともと社会保障番号という名の背番号もあるから、みんなが思い込んでいるような意味での自由なんていうのは初めからありゃしないのですが、やっぱり9・11以降は凄まじい。ペンタゴンがいろんなプランを出してきて、その中には実現したものもあれば流れたものもあって、正確にはわからないけど、特に空港ですよ。空港でゲートを通るときに、よくアラブの人が何もしていないのに捕まったりしていますけれど、あのときに人種、国籍だけじゃなくて、歳入庁にアクセスし、クレジットカード会社にアクセスしまくって、納税額から借金の額まで、何から何まで把握するというのはもう当たり前になっているようです。

植草　プライバシーの保護を重視して、一線を画している国というのはありますか。

斎藤　専門家たちの話によれば、ドイツが比較的きちんとやっている、とは言うんですけどね。どこまでのものかは僕自身の実感としてはわからない。日本はまだマイナンバーが完全に導入されていない分、まだマシなのかもしれません。

植草　今回、マイナンバー法案が通りそうな感じがありますね。

斎藤　どさくさに紛れてね。でもこれも不思議でしょうがないんだけど、住基ネットのときは、住民票関係の事務に限定するというのが国の言い分でした。でも、そんなのは嘘だ、必ず国民総背番号として運用されていくに違いないって僕らは反対、批判していたわけだけど、政府がちゃんと限定していると言っているんだから心配は当たらないという一方的な理屈で、裁判でも向こうが勝つわけです。だけど今度のは、最初から限定なんてされてもいない。ハナっから相乗りするよと通告されていて、だからはっきり背番号なんだけど、誰も文句を言いません。マスコミは一切批判しないし、僕自身も書く機会をまず与えてももらえない。このままにしておくつもりはありませんけどね。

植草　騒いでないですね。昔、グリーンカードで大騒ぎになったのに、今度は誰も知らない間に通ってしまいそうな気配です。

斎藤　グリーンカードのときの反対の急先鋒は春日一幸と金丸信だったんです。要するに金持ちの金が全部把握されるから嫌だと（笑）。おかげで普通の人も助かったわけですが、今度はそっちからも出てこない。ということは、あらかじめ考え方として、権力に近い金持ちはいろいろわかってても見逃しますよという阿吽《あうん》の呼吸なんでしょう。誰も口には出さないけれど、はっきりしていると思います。暗黙の了解がある。

朝日新聞の西部本社にすごく優秀な女性記者がいたんです。もう辞めちゃったんだけど、この人が数年前にスクープをしたんですよ。成田空港と関西空港で監視カメラに顔認識をつけているというのを。で、国土交通省の情報企画課にコメントを求めたら、「何であんたがそんなことを心配することがあるのか」と言われたそうです。これで厳しく調べるのはイラクとか北朝鮮の連中であって、朝日の記者だとか三菱商事の社長さんだったらフリーパスなんだから問題ないですよって、ホントに言ったというのね。まあそんなとこでしょうけども、はっきり言っちゃうところがイマドキですね。ホントの悪党どもなんか全部見逃すと思いますよ。仮想敵国と下々の奴だけを捕まえるというのがコンセンサスとしてできているんじゃないですか。

植草　危険人物とか。

斎藤　何かと従順でない人間ね。

植草　今、そういう危険人物の管理というのは公安がやっているのでしょうか。

斎藤　警察の公安と、公安調査庁と、陸上自衛隊の情報保全隊なんてところがよく知られていますね。一番力も権限も大きいのは警察の公安じゃないですか。

不況時の増税は傷口に塩を塗る政策

斎藤　特に消費税増税を中心として、このまま野田政権が突っ走っていった先にくる日本社会を、植草さんはどんなイメージで捉えていますか。

植草　私は戦後日本の構造を、官僚と米国と大資本による支配という視点で見ているわけですが、そこを変えようという動きが時折少しだけ垣間見せることがある。九三年の細川政権の樹立もある種の変化だったと思いますし、二〇〇九年の政権交代はもう少しはっきりと変えようという動きだったと思います。しかし、変えようとした途端に、変えられる側が猛反撃というか、総攻撃を加えて、一気に巻き返しを図ってきます。

先ほどの安住さんの話なんですが、彼は今の日本の財政では、予算の半分を借金でまかなっていて、これはもう異常なことなんだと言います。その後にサラリと、これは意図して言ったのかもしれませんけれども、こういう構造的な問題があるということを認識して対応しなきゃいけないから消費増税が必要だと、説明しています。

ここで構造的というところが一つのキーワードで、日本の一般会計、国家予算の財政赤字は二〇〇七年度に二五・四兆円なんですね。何をもって財政赤字かというと国債の発行額、厳密に言うと新規の財源にする国債発行額が二五・四兆円なので、普通はこれを財政赤字と呼んでいます。

これが二〇〇九年度に五〇兆を超えて大変だと言われたのです。この話は前にしていますが、九〇から一〇〇兆の予算で、その半分を借金でまかなうのは異常だということなのです。ところが、二〇〇七年度の国債発行額二五・四兆円に対して、歳出の中の債務償還費が二〇〇七年度に一四・四兆円ありました。つまり、これは形としては国債整理基金に繰り入れていますが、ここで国債を償還するので、一応借金の返済資金に一四・四兆出しているんです。二五・四兆円借金してけれども一四・四兆円借金を返したので、本当の借金増加は一一兆円でした。これは一般会計ですが、国民経済計算の一般政府でも財政赤字のGDP比は二%台前半でした。

先日も話しましたがこれはヨーロッパの健全財政基準をも満たすものです。

ところがその後リーマンショックがあり、麻生政権が巨大な補正予算を組んだりして、財政赤字が一気に五〇兆になった。つまり日本の財政赤字が急激に悪化したのは二〇〇七年度以降の三、四年のことなんです。大不況が来て財政赤字が増えたときに、財政赤字を減らす方法は、まず景気を回復させることです。そうすると循環的な赤字が消える。これが第一段階で、その次に歳出カットや増税などの構造改革をやる。これが財政再建手順の鉄則です。

いまのように、大不況で赤字が拡大したときに、増税という緊縮財政で赤字を減らそうというのは大間違いの政策ですね。安住さんが構造的な問題だと述べたのが、いまの赤字は構造赤字であるとの意味だとすると、現状認識が完全に間違っているということになります。

財務省の本音は財政赤字拡大が官僚利権切り込みを強要する事態を恐れ、先回りをして増税をしてしまおうということなのでしょう。さらに輪を掛けておかしいのは、増税方針が本決まりになった途端に、一〇年で二〇〇兆円の公共事業を実施するとかいう国土強靭化法案が出てきたことです。これが財政危機説がねつ造であることの最大の証拠です。

シロアリ王国のため突如出てきた国土強靭化法案

植草 これとセットで私が言っているのは、民主党が掲げた、財務省から4Kと呼ばれている政策です。「高校授業料無償化」、「子ども手当」、「高速道路料金の無料化」、「農家の個別所得補償」などです。これらの支出は全部、国から市民に直接給付される財政資金です。いわゆるガラス張りの予算措置で、このようなガラス張りを官僚と利権政治屋が一番嫌うのです。制度によって一円単位までガラス張りなので、利権を取る、財政資金をかすめ取る余地がゼロだからです。

アメリカの予算にはプログラム支出と裁量支出という区分があります。予算が成立せずに政府機能停止などの騒動が時折ありますね。アメリカの場合には、裁量支出は単年度編成ですが、社会保障などのプログラム支出は制度が確立されれば、年度を超えて永続します。日本の予算は単年度主義で作られますので、毎年度ゼロから百まで編成します。予算を成立させないと執行もできません。アメリカの場合、社会保障支出はプログラムに基づくので、制度があれば、毎年度の予算とは関係なく執行できます。

日本の財務省の行動を見ると、財政赤字削減と言いますが、その対象はいつもプログラム支出である社会保障支出なのです。社会保障給付とか失業給付とか、こういうガラス張りの支出は利権にならないし、匙加減を振るう余地がありません。キックバックももらえません。この逆で公共事業などの裁量支出は、間に外郭団体をたくさん通して予算を流すと、利権が無尽蔵に生まれます。まさに利権の源で、天下りのポストを沢山作れる。とりわけ二〇〇兆円の国土強靭化法案などは、利権法案と呼んでもよいくらいです。あるいは新幹線予算を計上するとかですね。

結局、切るのは社会保障で、介護、年金、医療が、社会保障を充実するための増税とか言いながらバッサリ切られる。社会保障支出を切りながら、公共事業には一〇年で二〇〇兆の大盤振る舞いをする。狙いはやはり天下りを軸とする利権です。つまり野田内閣は昔の自民党以前に戻っているぐらいの話で、このまま推移するなら、シロアリ王国を守るために、国民が吸い尽くされるだけだと思います。

斎藤　カモフラージュする気さえないという感じですね。

植草　国会の七五％の議席にものを言わせればもう恐いものがない、と考えていると思います。平家でなければ人でないような……状況になっているという認識じゃないでしょうか。

恐るべし、消費増税後の世界

斎藤　僕はね、やっぱり一人ひとりの生活を考えたときに、とんでもない歪んだ社会になるのを怖れるんです。何度も言いましたが、消費税増税で転嫁ができない中小零細が全部潰れる。もともとこの人たちは競争力を奪われているし、後継者はいないしで、もうこれ以上やっていけなくなりますから、どんどん廃業するでしょう。そもそも自営業とか零細企業という業態そのものが成立できなくなる。

その時点で、自営業の親爺さんの中には老後を暮らすぐらいの貯えがある人もいるかもしれないけれども、ない場合も決して少なくないでしょう。小さいながらも従業員がいる事業もいくらでもあるわけで、その人たちがみんな失業する。だいたい五％前後の失業率がこれだけで軽く二桁に届くだろうというのが一つです。

他方、ＴＰＰに参加していけば、今までみたいな農業や漁業ももう成り立たない。だけど農業そのものは残す建前ですから、いわゆる平成の農地改革というやつを断行して、株式会社の農地取得が認められることになる。漁業権は株式会社に開放されていく。そんなことになれば、条件のいい農地は株式会社に買われるしかない。漁業権もしかりです。

そうなったときに、大資本が自分のところの正社員に農業をやらせるかといったら、違う。結局、誰が実際に農業を担うのかといったら、今まで通りの農民になるのですけれども、この人たちはもうすでに農地の地主ではない。ということは会社に雇われて働く、それは派遣労働者にされるのでしょうね。サラリーマンになるのもいいじゃないか、なんて言いたがる改革派の農家の方もいますが、甘いと思います。

第一次産業は全部派遣。自営業とか零細企業でやっていた人たちも、もはやそういう業態そのものが成立しなくさせられるのですから、派遣以外の働き方はまず見つからないでしょう。だったら世の中全体でどういう働き方が残るか。エリートサラリーマンか、派遣か失業者か、そのいずれかしかない。これしかない社会というのが僕は恐くてならないんですよ。

公務員もニューパブリックマネジメントで、どんどん株式会社みたいな人事制度になっています。実際、公務の派遣化というのも急激に進んでいるし、もうはっきりと、エリートとその他大勢という社会が出来上がってきています。

自分自身の立場で言わせてもらえば、これは自分が半生かけてやってきた人生の全否定です。僕はとにかく待遇なんか悪くてもいいから、人に使われるのが嫌だというだけでフリーになったんですが、別に書きたいものがあったわけじゃないんだけれども（笑）、こんな生き方は一切認められないということになってくる。

で、町を歩けば、飲み屋は「和民」しかない。喫茶店は「スターバックス」しかない。選択肢は、「和民」か「坐・和民」、でなければ「魚民」があるとかね（笑）。「スターバックス」じゃなかったら「ドトール・コーヒー」もあるかな、とかね。こういう選択肢しかない。日本中の街という街が全部同じ光景になってしまったら――すでにかなりそうですけど――それでも自分がこの世の中で生きていく価値を認めていられるのかどうか、ほとんど自信がありません。

これから社会に出る人はエリートかその他大勢以外の選択肢がなくなってしまう。職業選択の自由は保障されていても、実際のメニューは二つしかないのと同じだという、このまま行ったらそういうふうにしかなりようがないんじゃないか。官僚とか財界の人たちは、「だからこそ美しいんだ」と考えているような気がしてね。

特にいまはＴＰＰで、株式会社が農業に参入するという論じ方が多いわけだけど、一九八〇年代頃の文献を見ると、もう農業は要らないという議論さえ珍しくなかったんですよ。どうせ稼いでいるのは財界だから、農業なんかやめちまい、その分輸入をして、貿易黒字を解消すればいいという。そんな乱暴な議論がかなりあったんですが、当時と比べると財界はやや柔軟になっていて、場合によっては派遣の農民を使って農業を自ら経営してもよい、あるいは、とりあえずそうしてみて、難しければ農地だけいただいて他の有効活用を考えようかという流れなのでしょう。

そうなったときに僕は、一人ひとりの人生がこうまで軽んじられてよいのか、と思うんです。それこそ国家百年の計を考えたときにも、こんなのは独立国じゃないぜ、とも。もともと独立国じゃないんだけども。これでは正真正銘の属領でしかないんじゃないか。例えば、シンガポールは独立国だけど、かなり特化した国ですよね、工業とか商業に。それの規模がでかく、グローバリゼーションとともにその特化した国の規模がでかくなった一つのモデルとしての日本というのは、シンガポールとは国の成り立ちからして違うんだし、これはどうしても悲しすぎる。まっとうな社会じゃないと思う。どうにかしなければ、でも具体的に何をどうしたらいいんだって、この消費税の問題をきっかけにすごく考えさせられてしまっています。

支配者はエネルギーと食糧と武器の独占を狙う

植草　私もいま、将来に向けた支配者たちの意図というのを感じています。それは、本格的な植民地化の始動ということじゃないかと思うんです。その支配者とは誰なのか、アメリカなのかどうなのか、いろんな見方がありますが、それはともかく、ごく少数の巨大資本がいろんな意味で圧倒的な力を持っているときに、彼らが人々を従属させたり隷属させたりする手法というのは、人々が生きていく上で必要不可欠なものを握ってしまうということでもあります。

それは、エネルギー、食糧、そして武器です。この部分を握られてしまうと、人は隷属せざるを得なくなります。だからこの勢力からすれば、日本が、そして世界が再生可能エネルギーの方向に走るのを命がけで止めなきゃならないということになりますね。鉱物資源とかウランなどに依存する状況を残さなきゃいけないのですから。

人間の叡智を考えると、太陽光、風力、水力、地熱などから永続的に活用できるエネルギーを採取する技術は、進化する可能性が大いにあると思います。

また、食糧は一番根源的なものだと思いますが、最近は農作物の種子の管理で、種子の出来ない作物を遺伝子組換えで作ってそれを管理する……。

斎藤　自殺する種子というやつですね。

植草　そう。種子を持たせない。その種子は独占管理して、知的所有権として保護する。それをTPPの枠組みの中に入れて、食糧の源泉を独占管理する。それを行うのは特定の金融資本です。それから遺伝子組換えで、人間に従順な発想をさせる食べ物を供給するとかですね（笑）、恐ろしい食べものが開発されており、供給をそれだけに制限するなど、おぞましい方向が狙われているんだと思います。

今回の震災の後も、テレビは宮城県の村井嘉浩知事しか出さないんですね。岩手の達増拓哉知事などほとんど出演させない。被災地の声だといって村井さんだけが出て来て、漁業の株式会社参入などを強引に実行しようとしています。日本全国、津々浦々まで美しい風景が保たれているのはいまの農業があるからです。これを株式会社化すれば、効率のよいところしか耕さなくなるので、相当部分が荒れ地になってゆきます。

日本の地域の生活様式、文化、伝統は、農業と結びついているのです。農業が株式会社化されて外国資本が参入すれば、様々な伝統文化は消えてしまうでしょう。首都圏では二〇〇三年以後に巨額の外資が流入して不動産価格が暴騰しました。ミニバブルと言われましたが、それがリーマンショック以降、一斉に逆流して逃げ出し、不動産価格は大暴落に転じました。ですのでこれも大きい波乱でしたが、外国資本が支配する農業は、本国で非常事態が発生すれば、たちどころに引き揚げてしまうものです。食糧の安定供給が完全に損なわれます。今年は米国の飢饉が深刻ですが、このようなときには、外資は米国への食糧供給を優先してしまうはずです。

斎藤　僕もそれを言いたかった。保守を自称する人たちは、どうして農地が外国資本に買われる可能性を恐れないのか。どころか、積極的にそうなっていく危険を拡げようとしたがるのか。

植草　農地もそうですし、農業そのものが外国資本に支配されれば、いざというときに農産物が手に入らないだけでなく、働き方そのものも、少数の巨大資本と多数の機械の歯車のような労働者という、モダンタイムスの時代に戻ることになってしまいます。このときの労働者は消耗品という部品であり、さらに一歩進むと奴隷になってしまいます。奴隷時代に移行することをアメリカが指令する、アメリカの裏側にある巨大資本が指令する、そうした権力が情報空間も占拠して、情報をコントロールしながら、この方向に引っ張っているところだと思います。

斎藤　情報というのはやっぱりマスコミですか。

植草　マスメディアですね。これに草の根の口コミとか単行本、あるいはネットからの情報発信で対抗しても、なかなか、機銃掃射に竹槍で対抗するような（笑）。

進んでコントロールを受容するのか

斎藤　最近、僕は新聞の軽減税率の話を取材しているんです。文字活字文化振興議員連盟というのがあるんですが、新聞協会と出版協会が一緒になって、そこに陳情したりしているんですね。もとはといえば再販価格制度の維持のための議連なんだけども、それが消費税の話が具体化してから軽減税率の話になったんです。ついこの間の六月にも正式に軽減税率の要請を表明したりしました。これとマスコミの消費税増税万歳の論調にどんな因果関係があるのかなという関心に基づいて取材をしていて、何らかの密約があったただなんて裏は取れないし、東京新聞や地方紙はそれなりに反対の論陣を張ってもいますから、さすがにそれはなかったかと安心したところではあります。でもなお、日刊ゲンダイでちょっと書くことになっているんですが、書いたらまた今度はほんとに失業するしかないかもしれない、なんてビビってたり（笑）。

ただね、たぶん、もしもほんとに密約がないとしても、新聞のトップさんたちは財務省の役人にさんざんネジを巻かれているんじゃないか。まあ低減税率考えてもいいよ、と。その代わり、やっぱりそれまでの態度が大事だよな（笑）、とかさ。

ここで僕は、自分がいる業界だから愛情を込めて言うんですが、再販価格は維持すべきだと思っているし、万が一消費税が増税された場合に、新聞や雑誌や出版を軽減税率の対象にしてくれと要求するのはあってもいいと思うんですよ。軽減税率全体に対して僕は最初のほうで反対と言いましたが、もしも議論の末に、そういう道ができるのならば、やっぱり活字はそうしないことには本当に滅びてしまうから、大事にしてほしい。

ただそれもこれも、新聞や雑誌がきちんと役割を果たした上での話であって、今のこの流れは、要するに守ってもらいたいからお上に尻尾を振っているということですから、それはもうすでに文化なんかじゃない。単なる商売人よりはるかに劣る、国民を権力に都合よく操ることで利益を得る最低最悪の政商なのであって、だったらそんなもの守る必要もない。逆に潰れてしかるべきなんだ。この堕落の仕方というのはいったい何なんだろうと。

別に何もかもを反対しなきゃならないわけではなくて、それは社によっていろんな社論があっていいと思いますが、それでも最終的に消費税増税が決まった時に初めて、軽減税率にしてくれよと、それは自由主義社会にとって大事なことなんだよ、という主張になるのでなくてはならないと思うんだけど、今のこの状態は完全に自殺行為なんじゃないか。

さっきのマスメディアがコントロールされているという話ですが、実はもはやコントロール以前というか、自分から勝手にコントロールされにいっているという感覚がどうにも頭から離れないんです。ここのところを何とかしなきゃと思っても、一人じゃどうにもならないんですが。

メディアの寡占と腐敗に風穴を開けたい

植草　メディアの問題は淵源を辿れば一九四〇年体制、つまり、戦時の目的に沿う情報統制体制にたどり着くのだと思います。その精神構造がいまだに断ち切られていないと思います。

現在のマスメディア体制は一六社体制と呼ばれています。全国紙と全国のキー局は五社ずつの一〇社で、地方紙の全国ニュースは九割方がは共同と時事の二社からの配信ですから、どの地方紙を見ても同じ内容です。どの地方紙も権力側に軸足を置いています。そして「皆様の」NHK、地方ブロック紙の北海道、中日、西日本を合わせて一六社になります。このうち、地方ブロック紙の中日と北海道、西日本だけが批評精神というか、メディア精神を辛うじて持っているのだと思いますが。

この体制の下でメディア人の堕落が顕著ですが、どこに原因があるかよくわかりません。学生のときに高邁な理想を持って役所に就職した人が、あっという間に変質する。一番の直接的原因は人事評価システムだと思います。役所では、市民のために貢献する人ではなくて、役所に貢献した人が出世する現実を見ると皆その方向に行ってしまう。

メディアの中でも同じだと思います。誰かがこのような人事になるように働きかけたのか、新聞社が自らの利益のために自発的にこの方向を目指したのか。そこはわかりません。もちろん、新聞社の中に正義感と批評精神を持つ人はいると思いますが、そのキラリとする部分を出した途端に干されてしまうでしょう。

現代のメディアは、それぞれの会社の資本の論理によって政治権力と結託することが、会社の存続を確保するための必要不可欠な条件だというDNAが組み込まれた存在になってしまっているのではないでしょうか。したがって、それに適合した人事登用システムができあがってしまっている。市場寡占を形成する一六社なのか、三社を除いた一三社なのか、それはともかく、独占産業、寡占産業になっているということが、事態が変わらない大きな原因だと思います。裏側にはスポンサーがおり、アメリカがいる。もちろん官僚機構とも結託するので、これはそう簡単に崩れないと思うんです。

ですから、私はこのマスメディアによる情報空間の占拠状態に風穴を開けるとすれば、それはNHK改革しかないと思っています。何かの機会を逃さずにまず政権交代を実現させる。そして、樹立された政権の最初の大事業として放送法の抜本改正を断行して、NHKの運営を政治権力から離す。それは権力にとってマイナスになるかもしれませんが、それこそ国家百年の計に立てば日本の民主化を図る上で、情報の民主化が一番大事なので、昔のGHQが構想したように、視聴者の代表による放送委員会を作り、これをNHKの最高意思決定機関とする。

NHKがバラエティまでやる必要はないと思います。人員も大幅に圧縮するべきです。視聴者が必要不可欠だとするものに限定して番組を供給する。内容も放送委員会が審査する、NH

Kが生まれ変われば日本の情報空間に風穴が開きます。それしか方法はないと思っています。

赤字国債を返す？ NTT株売却のときもそうだった

斎藤 もう一つ、公共事業のことなんですが、今度も消費税増税で社会保障の財源にするという話が、いつの間にか自民党の言う「国土強靱化計画」とやらで、一〇年間で二〇〇兆の公共事業というシナリオに作り変えられてしまいつつありますね。これ、NTT株の時とそっくりだと思うんです。

あの時も赤字国債を返すんだと言って、国の財産だった電電公社を民営化し、その株式を放出しました。国家権力で築いた財産を民間企業が売り払うというのは、そんなのアリか、という議論もあったわけですが、結局、赤字国債を返すんだからということで、法案を通したわけです。いざ通って売れたら、かなりの値がついて、これを利権にしないのがもったいなくなったのか、みーんな公共事業に使っちゃった。だけどこれもほとんど報道されなかったんですよ。

僕は『国が騙した―NTT株の犯罪』（文藝春秋社、一九九三年）で詳しく書いたんですが、別に秘密でも何でもないんです。毎年の予算の記事を見れば、端っこのほうにNTT株売却益によるAタイプ、Bタイプ、Cタイプの公共事業費なんていうのがあって、それぞれ何千億円と出るんですけど、でも説明がないから、取材した人間にしかわからない。国民を騙しきったまま、二〇〇七年に廃止されるまで続きました。

これは植草さん、ご存じでした？

植草　いや、知りませんでしたね。特定財源になっていたわけですか。産業資金特別会計に入れていたのでしょうか。

斎藤　そうです。百％の嘘にはならないように、たしかに最終的には赤字国債の償還に回ることとは回るんですよ。でもね、NTT株の売却収入はいったん国債整理基金特別会計に計上されるのですが、次の瞬間、一般会計を通して産業投資特別会計に繰り入れられます。で、ABCの三つのタイプに分けて、このカネで公共事業をやりたいと申し込んできた地方自治体や第三セクターに無利子で、しかも返済期限が十年から二十年という破格の条件で融資してあげる。当時中でも酷かったのが正式にも「補助金型」と呼ばれて全体の八〇％を占めたBタイプで、当時の涌井洋治・主計局総務課長——後の主計局長で、事務次官の筆頭候補と謳われながら、一九九〇年半ばにスキャンダルが発覚して夢破れた人ですね——がまとめた実務書『解説・NTT株売払収入の無利子貸付金制度』（大成出版社、一九八八年）にも、〈Bタイプは、公共事業が行われる際に、無利子貸付けを行い、後年度において貸付金が国に償還される時に、補助金、負担金が交付されるものであり、その意味では、実質的には、通常の公共事業と同じものである〉なんて書いてある。なーにが「その意味では」ですか。ややこしい分だけ、通常の公共事業以上にわけのわからない利権になっただけの話じゃないですか。

でね、このおよそ国民というものをバカにしきった制度を可能にした「日本電信電話株式会社の株式の売払収入の活用による社会資本の整備の促進に関する特別措置法」というのが可決・成立されたときの国会で、共産党の正森成二さんが、当時まだ大蔵大臣だった宮沢喜一さんに質《ただ》したんです。「宮沢さん、これじゃ国債返すの大変じゃないですか」。そしたら宮沢さんは「どんなに大変なことでも頑張れば何とかなる」って言ったんですよ（笑）。今度も全く同じです。あっ、デジャヴだって。

植草　社会保障のためには増税しなければいけないという財務省の根拠はどこなのかを私なりに理解しました。この社会保障制度改革推進法案の第二条（基本的な考え方）の四項に「国民が広く受益する社会保障に係る費用をあらゆる世代が広く公平に分かち合う観点等から、社会保障給付に要する費用に係る国及び地方公共団体の負担の主要な財源には、消費税及び地方消費税の収入を充てるものとすること」とあるのです。

消費税が「主要な財源」だとすると、社会保障給付を増やすには、「消費税及び地方消費税の収入」をどうしても増やさなきゃいけない。この関係がビルトインされたと解釈することは不可能ではないように思います。
財務省は増税案を可決させるためには何でもやると思います。今回の国土強靭化法案にかかる二〇〇兆円の公共事業というのもまさにそれでしょう。財政危機ならこんなことをやれるはずがありません。利権まみれの消費増税提案なのです。

斎藤 それそれ、その第二条第四項です。だから、でも、これだけいろいろな人が、NTT株の頃よりはずっといろんな意見が出ていると思うんですが、それでもここまで厚顔無恥というか、開き直れるというのは、ちょっと異常だとしか言いようがない。

植草 それと同時に、賛成票を増やすための賄賂。

斎藤 そうですね。地方税にするとか何とか、地方を味方につけるための。

寄ってたかって一人をいじめる構図が流行るのは？

植草 それと、消費税問題の本格的な論争を、反対者多数で実施されることができるだけ少なくなるように仕組まれています。NHKも各党討論などをほとんどやりません。自民党と民主党の代表者だけを呼んで意見を述べさせても民意を反映した論争にはなりません。国会質疑も議席数に対応した時間配分だと民自公三党が質問者と答弁者の双方に立って、学芸会のようなやり取りを演じます。公明党の質問者は公明党の答弁者に答えさせ、自民党の質問者は自民党の答弁者に答えさせ。身内同士でヨイショ合戦をしている図式です。放送受信者の国民には消費税の賛同話しか伝えられないのです。

斎藤　やっぱりマスコミはそういういろんなメカニズムの中で重要な部分ですね。ジャーナリズムがちゃんと問題点を指摘さえしてれば、あまりバカな真似はできないわけだから。

植草　新聞も読むところはほとんどありませんし、テレビも見るべき番組は極めて少ないです。ただ、テレビの場合。数が限られている政治関係の番組のほぼすべてが著しい偏向番組になってしまっています。

「たかじんのそこまで言って委員会」には、いじめ問題の基本構造が観察できます。寄ってたかってみんなで一人の人を攻撃するのです。鳩山由紀夫さんと小沢一郎さんが標的にされることがありますが、出演者のほとんどが批判して、当事者側からの反論の機会を与えない。一〇人いて八人が批判すると、残る二人は違う意見を言えない空気が創られてしまいます。一対一では口にできないことを、一種の集団心理で、言いたい放題を演じるわけです。

斎藤　酷いものですね。公開の欠席裁判というわけですか。

植草　そうですね。酷いです。いじめの構造というのは結局、人格ある個人に発言の機会を与えずに、付和雷同した集団がひとつの空気を作り、それに対抗できないような環境を作り出す部分が強いですが、これは大人の世界で行われることがそのまま子どもの世界に持ち込まれているものです。

この状態を放置するとさらに事態は悪化すると思います。

意図的な疑似「第三極」への誘導を見破りたい

斎藤　ええ。さっきちらっと出ましたけど、でも、そうやって現状に不満な人が、橋下徹の支持に向かってしまっている現実がある。橋下については植草さんは批判的なのでしょう?

植草　個別の事案を見ると、例えば原発の再稼働を強く反対していたのはいいことを言うなと思っていましたが、途中から容認に転じますし、それから卒業式で「君が代」を歌ったか歌わないか、口元チェックまでする一方で自分はいろんなことをして(笑)咎めもしない。人としてなかなか尊敬されにくいと思います。

全体として、メディアが橋下さんを持ち上げる理由が不明です。知事の中でも彼より良い仕事をしている人は他にいます。メディアをコントロールする者が何らかの意図で橋下フィーバーを演出しているのだと思います。

　基本的に小泉・竹中路線とみんなの党と大阪維新は根が共通で、新自由主義的な色彩が非常に強く、対米隷属、対米従属で、大資本とつながっている。だから、いままでの日本の支配勢力をマイナーチェンジしただけにすぎないと見ています。

斎藤　そこから解放されるものではないということですね。で、逆らう奴はクビだと。

植草　先ほども言いましたが、いまの権力にとっての本当の反対勢力が育たないように、意図的に第三極を作り、そちらに国民の関心を誘導しようとしているのだと思います。

　私は一九九六年の一〇月総選挙で橋本政権が消費増税を掲げたときに、当時新進党が反対していました——新進党は私の意見を採用して消費増税反対という旗を掲げていたのです——が、結局九六年の一〇月の選挙は自民党が勝ち、そのまま消費増税が実行されました。

　実はこの年の夏に民主党という新党が創設されました。このために反自民の票が二つに割れたのです。で、比例区の得票率では、自民党が三二％で、新進党が二八％だったので、かなり接戦でした。民主党が一四％取っていました。民主党と新進党を併せると四二％で自民党の三二％をはるかに上回っていました。もし反自民票が割れなければ消費税は否定されたと思います。民主党が出来たために反自民票が割れて、言わば漁夫の利を得る形で自民が勝ったのです。二〇〇九年選挙に向けてみんなの党が作られたのも、反自民票が民主に集中するのを阻止するためのものだったと思いますし、いま大阪維新が持ち上げられているのも、反民自公票が生活党などに集中するのを防ぐためだと思うんです。

斎藤　結局、そういう勢力には、スポンサーが付きやすいということなんでしょうか。

植草　みんなの党は松下政経塾の別働隊の側面が強いのではないかと思います。渡辺喜美さんがヘッドになってみんなの党を立ち上げ、全国各地で集会をやりましたが、そのお金を誰が出したのか。相当のお金がかかるので大きなスポンサーが必ずあったはずです。また、テレビメディアがどんどん報道しました。背後に相当に大きな資本が絡んでいると思いますが、、それが松下政経塾と深く関わっていると思われます。

いまの政治全体が松下政経塾政治化しています。みんなの党の江口さんは松下系のＰＨＰ研究所出身です。連合も松下が絡む。すでに述べましたが、労働者を代表することを標榜する連合が消費増税法案を推進するのは労働組合の堕落と言わざるを得ません。連合傘下の労働組合は連合から脱退すべきだと思いますね。幾つかの大きい労働組合が、脱退の発表をすればインパクトがあります。そのような方向に持っていく必要があると思います。

斎藤　そうですね……。戦後の日本の構造は米国と大資本による支配だと、植草さんはおっしゃいました。いろんな時期があったとも思いますが、戦後六七年、二〇一二年の僕らがただ中にいるのは、この構造がさらに強大な怪物となるような再編成が図られている状況であり、時代なのだと思います。容易に覆せる代物ではないのは明白ですが、こんなものにただひれ伏して、服従しているだけでは人間として生まれてきた意味がない。許せぬものは許せぬと叫び続けようじゃないですか。

お互い頑張ろうよ、植草さん。俺ももう、問題点を取材して指摘したら、ジャーナリストの仕事はそこまでで終わりだなんて思わないようにするからさ。

植草　私も年のわりにかなり多くの修羅場をくぐってきました。それだけの辛い思いをしたのだから、もう権力に立ち向かうのはやめておけと言われる方はよくいます。しかし、それを聞き入れたら私は私でなくなってしまいます。我が身は朽ちるとも、「我が心は流れの石にあらず」という心境です。

斎藤さんとお会いできて良かった。もちろん私も頑張ります。

【著者略歴】

植草一秀（うえくさ・かずひで）

1960年東京都生まれ。東京大学経済学部卒業。大蔵省財政金融研究所研究官、京都大学助教授（経済研究所）、米スタンフォード大学フーバー研究所客員フェロー、野村総合研究所主席エコノミスト、早稲田大学大学院教授、大阪経済大学大学院教授、名古屋商科大学大学院教授を経て、現在、スリーネーションズリサーチ株式会社代表取締役。スリーネーションズリサーチ社発行の会員制レポートは、内外経済金融情勢に対する正確な予測パフォーマンスで定評がある。政治ブログ、有料メルマガも多数の読者を獲得している。主な著書に、『消費増税亡国論』『日本の独立』（飛鳥新社）、『日本の再生』（青志社）など。

斎藤貴男（さいとう・たかお）

1958年東京都生まれ。早稲田大学商学部卒業。英国バーミンガム大学大学院修了（国際学MA）。「日本工業新聞」記者、「プレジデント」編集部、「週刊文春」記者などを経てフリーに。主な著書に、『国が騙したNTT株の犯罪』（文藝春秋）『機会不平等』『梶原一騎伝』（文春文庫）、『プライバシー・クライシス』（文春新書）『人間選別工場』『カナリアが沈黙するまえに』（同時代社）、『ルポ改憲潮流』（岩波新書）、『強いられる死 自殺者三万人超の実相』（河出文庫）、『民意のつくられかた』（岩波書店）、『消費税のカラクリ』（講談社現代新書）、『「東京電力」研究 排除の系譜』（講談社）など。

消費税増税 「乱」は終わらない

2012年10月4日　　初版第1刷発行

著　者　　植草一秀　斎藤貴男
発行者　　高井　隆
発行所　　同時代社
〒101-0065　東京都千代田区西神田2-7-6
電話 03(3261)3149　FAX 03(3261)3237
組　版　　有限会社閏月社
写　真　　越間有紀子
装　丁　　クリエイティブ・コンセプト
印　刷　　株式会社シナノパブリッシングプレス

ISBN978-4-88683-731-8